★ ★ ★ ★ ★

本书由
2018年广西研究生创新创业
暨联合培养基地示范建设项目
（广西民族地区中学历史教育高层次人才培养基地）
资助出版

★ ★ ★ ★ ★

中学历史 教学智慧

——以广西崇左地区为例

胡小安 主编

暨南大学出版社
JINAN UNIVERSITY PRESS

中国·广州

图书在版编目（CIP）数据

中学历史教学智慧：以广西崇左地区为例/胡小安主编. —广州：暨南大学出版社，2020.12
ISBN 978 - 7 -5668 -3059 -3

Ⅰ. ①中…　Ⅱ. ①胡…　Ⅲ. ①中学历史课—教学研究—高中　Ⅳ. ①G633.512

中国版本图书馆 CIP 数据核字（2020）第 220864 号

中学历史教学智慧——以广西崇左地区为例
ZHONGXUE LISHI JIAOXUE ZHIHUI——YI GUANGXI CHONGZUO DIQU WEILI

主　编：胡小安

∙∙

出 版 人：张晋升
责任编辑：曾小利
责任校对：周海燕　黄亦秋　黄晓佳
责任印制：周一丹　郑玉婷

出版发行：暨南大学出版社（510630）
电　　话：总编室（8620）85221601
　　　　　营销部（8620）85225284　85228291　85228292　85226712
传　　真：（8620）85221583（办公室）　　85223774（营销部）
网　　址：http://www.jnupress.com
排　　版：广州尚文数码科技有限公司
印　　刷：佛山市浩文彩色印刷有限公司
开　　本：787mm×960mm　1/16
印　　张：11.5
字　　数：220 千
版　　次：2020 年 12 月第 1 版
印　　次：2020 年 12 月第 1 次
定　　价：45.00 元

前言

· · · · · ·

习近平总书记指出："历史研究是一切社会科学的基础。"历史研究需要薪火相传才能不断发展，其传承的生命力则体现在培养优秀的历史研究者和历史教育人才。以唯物史观、时空观念、史料实证、历史解释和家国情怀为核心素养的中学历史教学，不仅是立德树人、"五育"并举的重要阵地，也是培养历史学者和历史教育人才的基地。学科教学（历史）专业硕士作为中学历史教育教学的高层次人才，也作为历史研究者，则在这两方面都肩负着重要的责任。这也是国家设立该专业硕士的初衷。

广西民族大学学科教学（历史）专业硕士从 2015 年开始招生，其植根于广西民族大学历史学专业具有民族史、边疆史地和中国与东南亚区域交流史研究优势的深厚土壤，也得益于历史学专业长期以来在历史教育方面取得的成绩。作为广西壮族自治区优质专业和优势特色专业群立项建设的广西民族大学历史学专业，是广西办学时间最早的历史学专业之一，创建于 1960 年，2006年获得专门史硕士点，2010 年获得中国史一级硕士点，2014 年获得学科教学（历史）专业硕士招生权。该专业立足广西，扎根民族地区，辐射全国，培养了大量适应广西和中西部民族地区基础教育的优秀历史师资人才，在引领民族地区历史学基础教育和促进区域历史文化研究传播方面起了重要作用。

集边疆、边境与民族地区多重身份于一体的崇左市，是广西民族大学历史学研究和教育合作的重要区域。该市地处广西西南部，是祖国南部边疆的重要城市，下辖一区六县（市），其中西部与西南部的宁明、龙州、大新、凭祥四县市与越南接壤，边境线长 533 公里，是广西边境线陆路最长的地级市；总人口近 300 万，其中壮族人口占 80% 以上，是典型的边疆民族地区。该市具有悠久的历史和深厚的民族文化，课程资源非常丰富，一直为其辖区的各学校各学科所积极利用，尤其积极运用于中学历史教学。该市与地处南宁市的广西民族大学存在地缘、业缘、学缘和亲缘方面的紧密联系，这也是我们选择该市作为历史研究和教育教学的铁杆基地的理由。

我们在崇左的校外教育实践基地有广西民族师范学院附属中学（以下简称"广西民师院附中"）、崇左高中和大新中学等学校，其中广西民师院附中多次获得"广西民族大学优秀校外实践基地"称号，是一所年轻而又有突出成绩的广西壮族自治区示范性高中。学校现有教职工400多人，其中有全国"五一劳动奖章"获得者、广西特级教师，有"广西基础教育百名名师培养工程"培养对象，广西优秀教师、优秀班主任，市级教坛明星、市级学科带头人等，获得的各类奖励更不可胜计。该校刚建立时仅有不到200名学生，到2020年有4 000余名在校生，无论是学校规模、教学成绩、管理水平、教师获奖和科研课题，还是校园文化建设和参与社会服务，都名列崇左和广西前茅。这样快速地成长，除了依托当地政府大力扶持、尊师重教、落实国家大力发展边疆教育的政策外，还有赖于学校自身锐意发展、增强内功。秉承"笃信励学，崇德向善"的校训，致力于教学质量为重和学生为本这一学校的生命线，这是该校持续发展的内在动力。

以广西民师院附中为代表的崇左市各中学的历史教学和教研，有很多值得我们借鉴、总结和思考之处。我们从2016年带着2015级学科教学（历史）专业硕士生进广西民师院附中开展教育实习开始，连续数届，以该校为基地校，联合开展学生培养和教学教育研究，取得了若干成绩，并于2018年获得广西壮族自治区学位办立项的"广西研究生创新创业教育暨联合培养基地"示范项目，从此加快了我们与基地校的合作。有赖于大家的不懈努力，到今天终于收获了一点果实，我们觉得有必要结集出版，以此作为我们大学和基地校联合培养学科教学（历史）专业硕士生的阶段性成果。这些成果都是我们的学科教学（历史）专业硕士生在校内外指导教师和基地校教师的共同指导下完成的，既是总结，也是反思，有利于进一步提升民族地区中学历史教学和历史教育的水平。

本论文集共收录了10篇论文，围绕中学历史教育教学的多个方面做文章，大致有教学方法、课程资源、教育技术、教情学情等的调查研究成果和实践策略，其中所举案例、课例和教学设计多数来自崇左市各中学历史教师的构思设想和课堂实践。不能说这些设计和实践有多么出色和优秀，但确实是诸多中学一线教师和实习生费尽心血的成果，我们有理由珍惜它。相信这些实践、调查和研究能带给中学历史教育界一些素材、养分、启示和借鉴。

我们同时也明白，由稚嫩的在读硕士生调查、思考和执笔完成的文章，存在很多不足之处，他们对基地校的观察可能是挂一漏万的，甚至是不准确的，只代表了观察者的认知水平和观察能力，并非被观察者本身的问题。其中的谬误当然要由作者来负责。

本书的出版，得到 2018 年"广西研究生创新创业教育暨联合培养基地"示范项目经费的资助，尤其得到暨南大学出版社的鼎力支持。在学术著作出版不易、中学历史教学研究成果不被看好的今天，暨南大学出版社毅然承接中学历史教育教学的选题，愿做这方面的逆行者，是需要勇气的。也正因为这份坚守，令我们看到历史教育教学研究的光明未来。

编书过程是艰辛而枯燥的，对于一些数据、表述、史料出处，乃至标点、引注规范等问题，往往要反复多次询问、修改；尤其有些作者已经毕业多年，且不再从事中学历史教育教学工作，查询与查证就更加困难。出版社和责任编辑的严谨细心，是克服这些困难的第一助推力，实在令人欣慰和振奋。由于作者水平有限，其中难免有不尽如人意之处，也有望读者诸君批评指正。

编者

2020 年 12 月于南宁相思湖畔

目 录

· · · · · ·

"341 平板加平台" 教学模式在中学历史教学中的应用

钟　行

能否充分运用最新的教育教学技术进行信息化教学，推动翻转课堂的实施，提升课堂效率；能否真正落实学生主体地位，让学生用自己手中的信息终端自主学习，促进知识内化，这是目前中学教学中仍然值得深入研究的问题。

广西民族师范学院附属中学（以下简称"广西民师院附中"）的"341 平板加平台"教学模式，正是在上述背景下诞生和发展的。本文以此为案例，考查新教育技术在历史课堂教学中的实施过程和效果，并提出若干反思。

一、"341 平板加平台" 教学模式的内涵

"341 平板加平台"教学模式是广西民师院附中在教育信息化的大背景下，根据教育改革提倡的教育理念，结合平板电脑与本校独创的教学平台，经过不断的教学实践发展完善的。2014 年，"341 平板加平台"教学模式开始试点教学，2015 年下半年由学校对校内所有教职工进行教学培训，其后在校内大力推广并加以改进，逐渐发展出适宜学校自身教学特点的"341"（三维目标，四点落实，一个主题）教学理念，是致力于推动教学改革的一种新的教学模式。

该教学平台的始创、发展和完善都沿用 Director 这一多媒体教学软件进行开发制作，目前该教学平台用的是最新版本 Director 12.0。Director 以其广泛的媒体兼容性和强大的 LINGO 编辑功能著称，它提供了专业的编辑环境、高级的调试工具、简易的属性面板，操作简单方便，大大提高了开发的效率。用它制作的多媒体教学软件的最大优点是具有交互性，即非线性，它可以使学习者迅速进入任意一个感兴趣的板块；也可以快速退出当前板块，转到其他地方，这就避免了过多跳转引起的混乱，这一特性在设计内容繁杂的多媒体教学软件时尤为重要。

"341 平板加平台"教学模式由新技术"341"激情课堂教学平台与"341"

教学理念组成，主题是"科技、激情、快乐、成长"，目标是"让优质课堂常态化，让常态课堂优质化"。

（一）教学平台

新技术"341"激情课堂教学平台由主板书、电子时钟、计分器、幸运抽签等教学工具组成，在2014年下半年由谢副校长的化学教学平台简化后应用于广西民师院附中的全部教学活动当中。

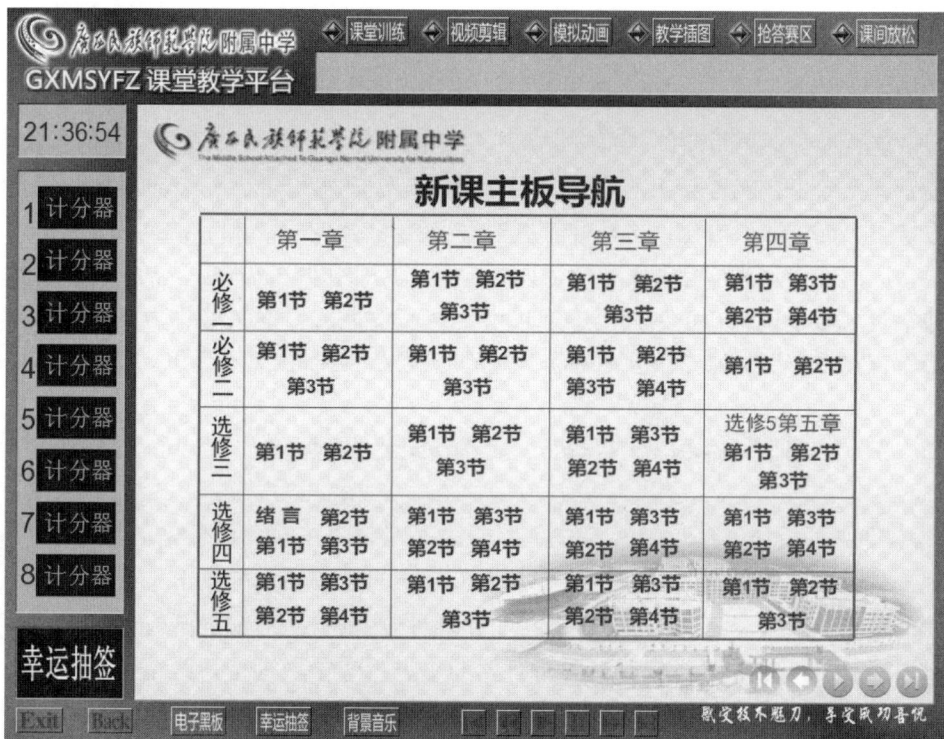

图1　新技术"341"激情课堂教学平台界面

1. 主板书

主板书是新技术"341"激情课堂教学平台的主要界面，约占教学平台界面的80%，是该教学平台的核心区域。操作者无论在哪一项功能上进行操作，只要关闭该功能都会回到教学平台的主板书界面。在正常情况下，主板书显示的是上课的主要内容，即PPT上的内容。另外，如果打开教学平台中的任意一个教学工具，如视频剪辑里的视频，点击播放，则主板书界面显示为视频的内容，关闭视频后回到之前的内容，其他教学工具也是如此。

2. 电子时钟

电子时钟位于教学平台界面的左上方，显示的是时、分、秒，只占一小块区域，弥补了普通 PPT 播放幻灯片后看不到时间的缺陷，让教师可以更好地把控时间。

3. 计分器

计分器位于教学平台界面的左侧，在电子时钟的下方，约占界面的 5%，由上至下共八组计分器，点左边是减分，点右边是加分，每次可加十分。这八组计分器记录的是在"341"教学理念下八个学习小组的得分情况。如此设计，一是为了形成小组间的竞争，激励学生认真学习；二是公开显示加分信息，以示公平。

4. 幸运抽签

幸运抽签一共有两个，第一个位于教学平台界面的左下方，在计分器下面，第二个在教学平台界面的最下方，在电子黑板与背景音乐之间，均只占一小块区域。在使用幸运抽签前需要将授课班内所有学生的名字或照片做成 PPT 后转换为 Flash 的格式，更名为"幸运抽签"，替换幸运抽签文件夹里的文件。点击幸运抽签按钮即可进行抽签，第一个幸运抽签是点击左侧开始，右侧关闭，学生的名字在区域内转动；第二个幸运抽签点击后会在主板书上滚动学生的名字或照片，在主板书任意一个地方点击一次即暂停，主板书就会显示某一位学生的名字或照片，然后由这位学生来回答问题。在实际教学中可交给学生来操作，以此调动学生的积极性。

5. 课堂训练等教学工具

课堂训练位于教学平台界面的上方，由左往右依次是课堂训练、视频剪辑、模拟动画、教学插图、抢答赛区和课间放松。这六个教学工具约占界面的 5%。它们的操作方法都是一样的，即点开之后，视频或图片会出现在主板书上，看完关闭即可。替换的方式和以上四个教学工具是相似的，都是先将新文件转换格式，重命名后放入相应的文件夹中替换原文件。这些辅助教学的手段与以往我们使用 PPT 时将它们固定地放在指定的位置不同，教学平台的这些教学辅助工具，教师想开就开，不想开就不开，任由教师操作，体现了开放式、个性化的设计特点。

6. Exit、Back、电子黑板和背景音乐

在教学平台界面的最下方，从左到右依次是 Exit、Back、电子黑板、幸运抽签和背景音乐，只占一小块区域。Exit 是退出教学平台；Back 是返回主板书界面；电子黑板提供了书写功能，利用压感技术可以完全代替实体黑板的功能，避免了在实体黑板上书写的种种缺陷；教学平台上的教学工具都有相应的背景

音乐，有利于调节课堂气氛。

平板电脑具有拍照、录像、手写等功能。使用平板电脑作为教学平台的移动教学终端后，电子白板机、投影仪、实物展台和教学一体机实际发挥的是显示屏的作用。

（二）"341" 教学理念的内涵

"341" 教学理念为"技术就是效率、激情就是活力；用技术优化课堂，用激情熔化课堂；享受科技、激情体验，享受成功、快乐成长"，其在课堂内容要求、课堂基本架构、学习小组建设、课堂设计及优秀 PPT 课件制作等方面均有落实。其主要包含三个方面。

1. 教学内容方面

要做到"三维目标、四点落实、一个主题"，既要求教师在充分理解和掌握三维目标的基础上做到四点落实，也要求教师在课堂上要有激情，从而帮助学生达成三维目标。四点是指重难点、思维发散点、兴奋点和应用点（生活的链接点）。即要求教师在备课时根据教学目标、学生学情等确定这一节课教学的重难点；同时要关注学生的思维发散点和兴奋点，在进行教学设计时应对学生的这两点下足功夫、作出突破；应用点即要联系学生学习生活中的方方面面，做到与生活联系，与实践联系。一个主题即激情，要求教师在上课时应有良好的精神状态，语言抑扬顿挫，能充分调动学生的热情，从而激活课堂，提高教学效率，避免课堂死气沉沉。

2. 课堂时间分配

"341" 相应的课堂时间分配比例为 15：20：5（3：4：1），即 15 分钟的魅力精讲（新知讲授），20 分钟的快乐探究（合作探究和汇报总结），5 分钟的激情反馈（练习反馈）。

（1）魅力精讲 15 分钟，即教师在课前要深入研究课程标准、考试大纲、教材内容和学生学情，明确教学目标和教学内容，对本节课的全部知识进行梳理，使其结构良好、内容精练。在课中要突破重难点和应用点，强化学生的知识识记，提高学生的考点应对能力，尽量做到提炼精讲，原则上该部分不超过 15 分钟。

（2）快乐探究 20 分钟，主要是为了培养学生的思维能力，教师通过创设囊括重难点与应用点的问题，使学生的思维过程得到呈现。经过教师的魅力精讲之后，在学生明确所学章节知识的重难点及应用点，掌握系统性的理论知识的前提下，教师列出预设好的一至两道合作探究材料分析题，让学生根据所学知识思考分析，合作探究，从而完善知识体系和思维体系，进一步提高学生独立解决问题的能力。

（3）激情反馈5分钟，这5分钟是对学生兴奋点的突破。教师列出预设好的三至五道选择题等小题型，通过抽答、抢答和计分等方式再次调动学生的学习积极性，最后教师对本章节进行小结性的知识梳理或方法归纳，增强学生的识记。这不仅有利于学生的发展，还可以解决学生在学习过程中产生的问题。

3. 学习小组建设

学习小组的建设要做到3个层次、4种分工、1种激励。

（1）3个层次即每个学习小组的成员由好、中、差三个层次组成，学习小组成员的分配是根据学情进行的。将学习成绩比较好与成绩不理想的同学打乱了放在一个组，这样就可以避免某个小组的整体成绩特别好或特别差的情况，平均每个小组的综合水平，这样在自主学习的时候也可以实现小组内成员的互帮互助，增进同学之间的友谊。这种层次的划分需要教师对每个学生有深入了解，教师平时也要注意观察学生的个性和学习能力等。

（2）4种分工即每组有小组长、记录员、统分员和监督员4种职能分工，这是学习小组有效开展活动的保障。学习小组是一个集体，有它的组织结构，也要有明确的分工，教师可以根据学生的个性、特长等，来对学习小组内成员进行任务分配或是通过公开选举产生小组长等。小组长是学习小组的领袖人物，责任重大。既要负责协调组内成员的关系，促进同学之间互帮互助、积极进取，也要与教师沟通。记录员是学习情况记录者，要记录"341平板加平台"教学模式的使用情况、课上学生的回答情况和课下学生的作息情况等，由8个小组轮流选人担当。统分员则要记录本组课堂上的积分情况和宿舍内务卫生的得分情况。监督员的任务是督促组内成员完成作业和自主学习，检查组内成员的学习情况。记录员、统分员和监督员均有协助小组长做好组规、组风建设的职责。

（3）1种激励即积分制度。学习小组的加分一般是靠组内成员正确回答问题来获得，根据题型大小加分，小题10分，大题20分，回答错误不加分也不扣分。加分主要是在课堂中进行的，形式主要有教师点名提问、学生积极举手发言、通过教学平台中的幸运抽签随机抽学生回答问题，教师看哪个小组分数稍低或没分数，可直接让该小组的学生回答问题。每个小组的加分情况都会直接显示在教学平台界面的小组计分器上，这种方式可以促进学生之间形成良性的竞争。

积分有特定的奖励机制，即每节课每个小组累计分数，到月末进行统计，得分高的小组将会得到笔、本子、洗衣粉之类的学习、生活用品作为奖励。在此机制下，学生为了获得加分、为小组赢得荣誉，会踊跃回答问题，小组与小组之间互相竞争，这有利于提升学生的学习积极性。

二、"341 平板加平台"教学模式历史教学的问卷调查分析

为了解"341 平板加平台"教学模式在中学历史教学中的应用情况，笔者通过问卷调查法与访谈法，对广西民师院附中在中学历史教学中应用"341 平板加平台"教学模式的现状进行了较为全面的分析，为本文的研究提供事实依据。笔者按照每个班 20~30 份的数量进行问卷发放，共计发放 380 份，回收 363 份，其中初一年级回收 38 份、初二年级 23 份、初三年级 20 份、高一年级 175 份、高二年级 107 份，回收率约为 95.5%。

调查问卷的内容除两道多选题外，全部以单项选择题的形式出现。问卷分为两个部分，共计 35 题。第一部分为广西民师院附中历史课堂教学情况，概括为"341 平板加平台"教学模式在中学历史教学中的实施情况与学生对此教学模式的主观看法；第二部分是在"341 平板加平台"教学模式与传统教学模式下，学生自身的学习情况对比，其中包括学习过程中的 7 个小问题与学习完成后的 6 个小问题。

笔者及时回收调查问卷并且进行了整理和简单的统计分析，结果显示大多数学生对在中学历史教学中应用"341 平板加平台"教学模式持积极态度，肯定此教学模式具有一定的实用性，具体调查结果如下：

（一）实践情况问卷调查分析

（1）教师是否经常使用"341 平板加平台"教学模式开展历史教学。其中 83.7% 的学生选择了"经常"，说明教师使用"341 平板加平台"教学模式开展教学已为常态。

（2）教师使用平板电脑上课与使用教学平台上课的频率相比是否更高。其中 75.8% 的学生选择了"较高"，20.4% 选择了"差不多"，侧面反映了对比教学平台，历史教师更加喜欢使用平板电脑授课。

（3）教师是否经常放映各类教学资源，包括图片、视频等。60.6% 的学生选择了"经常"，32% 选择了"一般"。

（4）教师是否在历史课上安排了丰富的学习活动，包括小组合作、成果展示、实践活动等。24.2% 的学生选择了"经常"，60.3% 选择了"一般"。

（5）教师在历史课上引导学生进行思考的频率。47.1% 的学生选择了"经常"，43% 选择了"一般"。

（6）教师讲授与小组讨论哪个用时较多。其中 88.1% 的学生选择了"教师讲授多于小组讨论"。

（7）师生之间的交流实践是否足够。25%的学生选择了"充足"，50%选择了"一般"，25%选择了"不够"。

（8）小组讨论实践是否足够。60.9%的学生选择了"一般"，25.4%选择了"不够"，只有少量学生认为实践足够。

由此可见"341平板加平台"教学模式在中学历史课程的日常教学中运用得较多，这与笔者的访谈调查一致。在平板电脑与教学平台的应用上，平板电脑的使用频率多于教学平台，除了由于学校要求及平板电脑使用起来比较方便外，还因为教学平台操作过于烦琐，教学任务繁重的历史教师倾向于选择不会耗费过多时间、精力的教学方式。在日常历史课堂中，可以看出历史教师有严格按照"341平板加平台"教学模式的要求备课、上课，为学生提供较为丰富的教学资源。而在实际操作中，由于历史学科的特殊性，教师讲授是多于学生讨论的，所以在今后的历史教学中，应注意把课堂交给学生，尽量提供丰富的教学资源，创设良好的教学环境，以激发学生学习兴趣并发挥其才能。

（二）学生满意情况问卷调查分析

（1）询问学生对"341平板加平台"教学模式在历史课中使用的感觉。其中53%的学生选择了"喜欢"，43%选择了"一般"。

（2）承接上一题，询问喜欢的原因。其中E选项为开放性的填空，答案五花八门，说明这一教学平台在一定程度上受学生的欢迎。

（3）询问学生是否喜欢利用导学案进行课前自主预习。仅有22.4%的学生选择了"喜欢"，其余为"一般"。

（4）历史课上学生更喜欢以哪种方式进行学习。18.2%的学生选择了"自主学习"，36.4%选择了"小组合作探究"，44.4%选择了"由教师授课"。

（5）询问学生是否愿意与小组内的其他成员交流。64.7%的学生选择了"愿意"，5.8%选择了"不愿意"。

（6）在历史课上通过小组讨论与师生交流，学生对所学知识是否认识得更加深刻与全面。超过80%的学生持"一般"与"反对"的态度，其中绝大多数学生认为"一般"。

（7）询问影响小组合作学到知识的因素。13%的学生选择了"题目简单不用讨论"，37.2%选择了"材料太少"，31.7%选择了"材料太难"，12.9%选择了"教师引导不够"，以上凸显了材料对此种教学模式的重要性。

（8）与传统教学模式相比，"341平板加平台"教学模式教学效率如何。超过70%的学生选择了"较高"或者"非常高"，仅有6.6%对此表示茫然。

（9）询问学生在历史课上更喜欢教师用哪种方式授课。此题为多选题，学生的回答多种多样，但总的来说更倾向于信息化教学模式，而非传统教学模式。

（10）询问学生是否愿意看线上视频，此题提出了微课视频这个新概念。72.9%的学生选择了"愿意"，8%选择了"一般"。

（11）询问学生家长是否会支持学生利用平板进行学习。超过八成的学生表示父母支持，只有20%的学生的父母认为使用平板没有效果。

在学生对"341平板加平台"教学模式在历史教学中的满意度上，学生的答案有很多种，笔者认为这是由于教师的操作不同导致的，对此可以将问卷内容反馈给教师，让教师尽量为学生提供适宜的教学环境。

（三）学生学习情况问卷调查分析

对比传统教学模式，学生在"341平板加平台"教学模式下的历史课堂中的学习情况，运用SPSS软件进行可靠性分析，得出Cronbach's Alpha的系数结果为0.903，说明该部分调查问卷的信度符合要求。其中，学生在课堂中的学习状态调查如下：

（1）我能把注意力集中在学习上。57.5%的学生选择了"经常"，6.8%选择了"偶尔"或者"从不"。

（2）我能对知识产生更清晰的认识。50%以上的学生选择了"经常"与"总是"，不足50%选择了"一般"或者"偶尔"。

（3）我能将以往学过的知识或经验与新知识相联系。45%的学生选择了"一般"，11.6%选择了"偶尔"。

（4）我会积极参与到各项学习活动中。37.2%的学生选择了"经常"，29%选择了"一般"。

（5）通过互动、交流研讨，我会积极思考并获得启发。此题主要考查学生自身的能动性与积极性。12.2%的学生选择了"总是"，36.8%选择了"经常"。

（6）我能在学习过程中发现问题，提出问题。8.5%的学生选择了"总是"，22.4%选择了"经常"，38.3%选择了"一般"，24.9%选择了"偶尔"。

（7）探究问题时我的思维很活跃。其中选择"一般"的学生高达39.6%。

学生在学习完成后的学习状态如下：

（1）完成学习后我的困惑得到了解决。61.9%的学生持积极态度，4.8%持反对观点。

（2）我掌握了所学内容并有了更深的理解。58%的学生表示赞同。

（3）我能将所学知识运用到实际生活中。86.3%的学生持肯定态度，而13.7%认为知识没有用到。

（4）我更乐于提出问题并主动寻求答案。11.0%为"非常同意"，38.9%为"比较同意"。

（5）我的语言表达能力与分析、解决问题的能力提高了。49%的学生选择了赞同，51%仍然持怀疑观点。

（6）我的自主学习能力提高了，并对学习有了更大的兴趣。52.9%的学生表示赞同，38.9%认为"一般"，8.2%持反对态度。

通过以上调查，我们初步了解了该中学在历史教学中使用"341平板加平台"教学模式的宏观情况，师生总体上对该模式持肯定态度，尤其教师，因为凭借该教学模式数次拿到省级、市级教学奖励，所以对其认可度更高一些。但是在具体的教学应用和课例中情况是否如此？又存在哪些问题？以下作相关调查、观察和分析。

三、"341平板加平台"教学模式在中学历史教学中的实践情况

笔者通过实地调查，认为可从微观角度即在课堂教学实践中，对"341平板加平台"教学模式在中学历史教学中的实践情况进行分析、反馈；此外还可通过探究"341平板加平台"教学模式的管理规范的施行情况来对其在中学历史教学中的实施情况加以反馈。

就教学平台的教学辅助功能的实践情况而言，幸运抽签是使用次数最多的，其次是课堂训练、视频剪辑、教学插图、计分器、模拟动画等。幸运抽签以其能活跃课堂气氛的特征而深受教师好评；而在课堂上用视频、图片、动画等直观性的教学手段辅佐教学，也会令课堂增色不少，学生也更愿意接受这种形式的教学。据笔者的实践调查，发现在课堂上，如果教师运用"341平板加平台"教学模式进行教学，学生的注意力能更集中、上课积极性会更高；而教师通过创设良好教学情景也更容易促进小组讨论、师生互动，学生的学习热情也更为高涨，在学习过程中也容易有所收获等。

"341平板加平台"教学模式的应用有助于落实核心素养。以时空观念为例，想要学生对历史事件有清晰的时间脉络概念，需要通过画时间轴来标记事件产生、发展、灭亡等对应的时间点，然而历史教师要在短暂的课堂时间帮助学生把脉络理清，需要现代教育技术的辅助。使用教学平台，可以在屏幕上展示许多有关事件的图片，用插图、视频的方式给学生以直观的感受，使学生了解在那个时代背景下所发生的事情，进而加深印象。从上课结构来看，避免了单一的板书，让学生体验到新模式的乐趣，互动环节提高了学生的上课积极性，

奖励制度让学生对新模式更加感兴趣，同时也可以拓宽学生的知识面。

1. 案例一

在中学历史教学中，新授课是最常见的一种课型，分析该课型在"341 平板加平台"教学模式下的讲授，可得知"341 平板加平台"教学模式对中学历史教学是否具有普遍性、适用性及迁移性，也可探究"341 平板加平台"教学模式能否对教师的成长起到促进作用。

以广西民师院附中 W 老师的校内公开课——《战国时期的社会变化》为例，W 老师是一位新入职的初级历史教师，上课的类型是新授课，其采用"341 平板加平台"教学模式讲授历史课。

（1）课前备课。

这次公开课是广西民师院附中新入职教师的一次公开展示课，主要考察新教师的专业素养的基本情况，教研组对 W 老师授课的大体框架和"341 平板加平台"教学模式的内涵方面进行集体备课。

整个教学设计，无论是确定教学主题、课程的重难点以及对其突破方式的选择，还是问题探究、课堂组织，初中历史组的教师都一致强调应该按照"341"教学理念进行，应创设良好的教学情境，并与合作式小组探究学习相结合。

（2）课堂实践。

新课导入：中国新时期的改革

学习目标：①掌握战国七雄及三次典型战役；②了解商鞅变法的原因，识记商鞅变法的内容和影响；③识记都江堰的修建和作用。

分三个独立自学版块进行上课：

独立自学一——战国七雄（带着以下问题阅读教材第 31~32 页）：

①结合课本第 32 页的地图，完成战国七雄分布图；②战国时期著名的战役有哪些？

独立自学二——商鞅变法（阅读第 33 页，思考下列问题）：

①战国时期各诸侯国变法的背景有哪些？②商鞅变法的目的、时间？支持者？影响？③商鞅变法成功与否？从中你得到什么启发？

历史剧：商鞅舌战守旧群臣

商鞅变法的主要内容：思维测试一，如果你是战国后期秦国的一个农民，想免除劳役和免受惩罚，最好的办法是什么？思维测试二，如果你是新兴地主，法令中的哪一条你最欢迎？思维测试三，如果你是奴隶主贵族，你对法令中的哪一条最为不满，为什么？思维测试四，司马迁在评价商鞅变法时说："民勇于公战，怯于私斗，乡邑大治。"这样评价主要是依据商鞅变法中的哪些措施？思维测试五，商鞅变法中，你认为对后世影响最深远的是哪项措施？

合作探究：在秦孝公死后，商鞅就被处死了，那么变法是成功了还是失败了？

考考你：你知道我国建设了哪些大型的防洪工程吗？

独立自学三——造福千秋的都江堰：

右图是著名的水利工程都江堰，它位于哪里？是谁修建的？它主要有什么作用［小知识："震不垮"的都江堰；都江堰是世界文化遗产（2000 年被联合国教科文组织列入"世界文化遗产"名录)。］

课堂小结；两道练习题。

（3）课后反思。

要求学生在课后对上述问题进行思考。

（4）评析。

这节初中历史教师的公开课，授课内容是战国时期的社会变化。由于是校内的公开课，所以在备课时历史组教师没有过多参与。我们从 W 老师的课堂教学实践中，可以看出 W 老师较少使用史料来培养学生史料实证的素养，这主要是因为初中学生的史料阅读理解能力较差。教师在课堂上设置了 3 组小组合作探究活动，即学生以小组讨论的形式进行合作探究，回答问题，达到对学习目标的突破，体现的是新课改理念中的学生主体性原则。教师先把材料及问题在手提电脑上列出，给予学生一定的思考时间，然后看有没有学生主动举手回答问题，没有就随机抽一名学生来回答。教师再根据学生的回答给予不同的分数（看学生回答是否正确，或者每个小点是否都回答到了），这个分数会直接加给该学生所在的小组，通常是 10 分或 20 分（这由教师个人进行评判），如果回答错误通常不会扣分。学生在平台界面上能看到自己所在小组的加分情况，加上教师通过鼓励的话语来激励学生，能让学生更加积极投入到课堂活动中。

这节课还用到了幸运抽签和视频播放的功能，在平台上使用视频播放功能会比在多媒体上更加顺畅一些。值得注意的是，有教师建议 W 老师在设计幸运抽签时，应该把问题先列出来，让学生有一个心理准备和思考的时间，再进行幸运抽签；如果在幸运抽签结束之后才列出问题，会使学生来不及多思考，会仓促地回答问题，而且让学生站太久也不好。

2. 案例二

笔者以 L 老师使用"341 平板加平台"教学模式进行历史复习课教学，在"崇左市 2016 年高三年级复习课研讨活动"中获得一等奖的案例，对运用"341平板加平台"教学模式进行历史复习课的讲授进行分析，以观测"341平板加平台"教学模式下的历史复习课能否摆脱常规历史复习课的枯燥与乏味，使学生得以在轻松的氛围下进行思考与总结。

（1）课前备课。

必修三，专题一的第三课——《宋明理学》。

该课是市级的公开课，由于复习课的特殊性，课程会显得更加沉闷，L老师作为一名经验丰富的教师，能够很好地调动学生的积极性。

首先是对复习课内容的考纲解读。L老师凭借自己对课本内容、大纲要求及辅助材料的理解，确定复习课的目标。高中历史教研组的教师根据自己的教学经验及"341"教学理念对L老师提出建设性的修改意见。

（2）课堂实践。

新课导入：观看一段视频。

复习目标：①知道宋明理学的代表人物，把握儒学的发展脉络；②对比程朱理学和陆王心学的异同，说明宋明理学的发展；③分析宋明理学的影响，体会宋明理学的家国情怀，树立社会责任感和历史使命感。

接着L老师列出一张该考点内容在历年高考的出现情况表，其中全国卷中有好几年都出现过，是一个很重要的知识点。

L老师以时间轴形式解析宋明理学概念的形成与发展。在做了简单的基础知识回顾之后，开始以多则材料的形式，开展了两组合作探究。

探究一：

材料一　中华传统文化在春秋战国时期表现为"以民本思潮和专制主义为两翼的百家争鸣的私学文化"；秦汉以后"定型为以儒学为正宗，兼纳百家、融汇释道的帝国文化"。

①根据材料一并结合所学知识，列举春秋战国时期"民本思潮"的表现，并概述西汉使儒学成为正宗"帝国文化"的过程。（10分）

材料二　朱熹生活的南宋时代，整个社会统治阶级寡廉鲜耻，生活奢侈无度。在这种时代背景下，朱熹提出了"存天理，灭人欲"之说。天理是公道与良知。朱熹说："须知天理只是仁、义、礼、智之总名，仁、义、礼、智便是天理之件数。"朱熹区分了"欲"和"人欲"。欲是正常的，饥而欲食，渴而欲饮，这是正常的欲。朱熹要灭的是"人欲"，又叫"物欲"。……朱熹认为当时国之大患根在君王心术已受蒙蔽。应当根据《大学》之教，以正心诚意作为治国平天下的根本。针对当时朝野上下普遍信奉佛教禅宗思想，他提出了"格物致知"之旨，即要求人要"推究事物的原理，以获取知识"。

——洪映萱《另一种声音——对朱熹"存天理、灭人欲"等理学观念的反思》

②据材料二并结合所学知识，概括宋代理学在哪些方面对儒学有所发展。（8分）

材料三 （清代，"反理学"的态势一度形成）大儒颜元力反程朱的守静与虚学，痛斥朱熹是"满口胡说""自欺欺世"，"程朱之道不熄，孔子之道不著"；他认为"误人才，败天下事者，宋人之学也"，并说："千百年来，率天下入故纸中，耗尽身心气力，做弱人病人无用人，皆晦庵（朱熹）为也"。宋儒理学曾给我们的民族精神裹上了小脚，其中根深蒂固的"正统"观念就是十分突出的一个。

——何兆武《文化漫谈》

③据材料二、三并结合所学知识，分析宋明理学对中国社会产生了哪些影响。（8分）

探究二：

材料一 各个国家的朱子学研究都在不同程度上拓宽了新儒学的研究领域，这充分说明了朱子学的研究已是一种超越国界、超越历史的学术活动。……朱子学在东亚世界的实践主要包括在韩国和日本等国的政治实践和教育实践，通过文治教化影响东亚世界的社会文化生态。在韩国、日本、越南等东亚国家学术文化和社会文明发展的历史上，以程朱理学为核心的宋代新儒学影响深远。宋代儒学文化传至东亚各国，与各国的学术思想和民族文化相融合，形成了所谓的"儒学文化圈"，这都说明了朱子学在东亚民族之间的文化交流和发展，起到了重要作用，对东亚文明的形成和发展，具有卓越的贡献。

——朱人求《全球化视野中的朱子学》

材料二 2013年11月26日，习近平在曲阜孔府考察时指出，研究孔子和儒家思想要坚持历史唯物主义立场，坚持古为今用，去粗取精，去伪存真，因势利导"使其在新的时代条件下发挥积极作用"。

2014年2月24日，习近平在中央政治局第十三次集体学习时强调，培育和弘扬社会主义核心价值观必须立足中华优秀传统文化。牢固的核心价值观，都有其固有的根本。抛弃传统、丢掉根本，就等于割断了自己的精神命脉。博大精深的中华优秀传统文化是我们在世界文化激荡中站稳脚跟的根基。

①结合材料一和所学知识，你怎样认识朱子学在"儒学文化圈"形成中的作用？（6分）

②请结合材料二中习近平总书记对中国传统文化的论述，分析儒家思想与社会主义核心价值观的内在联系。（4分）

最后以图表的形式做复习课的总结：

一个潮流：三教合一。

两大流派：程朱理学、陆王心学。

三大阶段：创立于北宋五子、成熟于朱熹、发展于心学。

五个人物：程颐、程颢、朱熹、陆九渊、王阳明。

进行巩固练习，课程结束。

（3）课后反思。

要求学生在课后对以上问题进行思考。

（4）评析。

这是一节高中历史复习公开课，授课内容是宋明理学。该课使用"341平板加平台"授课，在课上除了运用视频播放、学习小组建设、合作探究等功能之外，L老师还采用了面批的方式阅卷。该复习课总的来说是让学生做习题，上课之前先给学生分发试卷，教师在平板电脑上列出材料及习题，并让学生花一些时间直接在课堂上做题。当大多数学生都答完题之后，教师随机抽取一名学生，利用平板电脑的拍照功能，将学生的试卷拍下来，然后通过平板电脑连接放到大屏幕上，让大家都能看到这名学生的解答。接着教师开始讲解试卷，此时相当于教师在与学生一起批改试卷，学生此刻都是阅卷者。通过互动，学生也能够参与批改，从而对自己的答案进行客观判断。这样的师生交流方式正是基于"341平板加平台"教学模式下的要求而创设的，不但能达到生生、师生之间的交流，也使学生成为课堂的主体，提高学生的发散思维，符合新课程改革的要求。

3．案例三

H老师的《政治建设的曲折历程和历史性转折》，属于高一年级专题四第二节的内容，这堂课在"崇左市2017年高中教师优质课展示活动"中获得一等奖。在此之前，H老师于2016年12月参加了校内青年教师优质课评比活动，只获得了文综组的第八名。对比几个月之后在市级优质课活动中获得一等奖的优秀成绩，"341平板加平台"教学模式可谓功不可没。

（1）课前备课。

由于是市级公开课，上课内容是新授课，所以历史教研组的教师会多次进行集体备课帮助H老师打磨好教学设计。

首先是确定设计思路：民主政治建设的曲折历程及其历史性转折，其时间跨度较大，内容较为广泛，因此，本节内容不仅在本专题中占有重要地位，而且有利于对学生历史核心素养的培养，如何帮助学生理解重点、突破难点，成了本课成败的关键。为更好地在教学过程中贯彻"历史理解"这一主题，将本课主线确立为"奠基·挫折·转折·发展——新中国民主政治之路"。在教学过程中，H老师使用最近的"两会"这一时事热点作为切入点，以消除学生与这段历史的距离感；此外，H 老师还引用大量史料，试图通过对史料的分析，引导学生更好地理解历史。

在学情分析上：本课教学的对象是高一学生，他们已经初步掌握了一些分析历史问题的能力，而且在初中较为系统地学习过"文化大革命"和十一届三中全会的内容，对这一时期的历史知识有一定的印象。学生对民主与法制建设比较陌生。因此根据学生原有的知识储备采用不同的教学方法，从现实切入，借助文字材料、图片和影像资料，使学生更直观地感受、认识和理解问题。

在教学重难点的设计上，确定了重点：通过学习"文化大革命"到改革开放时期民主政治的发展历程，从正反两个方面科学认识民主与法制建设的必要性和艰巨性。难点：感悟民主法制建设同人民生活和社会发展之间的关系。

（2）课堂实践。

课前导入：观看视频《内蒙古农民收购玉米获刑案再审》。

学习目标：通过本课内容的学习，了解"文化大革命"对民主法制的践踏，说明民主法制建设的必要性和艰巨性。列举党的十一届三中全会以来我国民主与法制建设的主要成就，认识实行依法治国方略的重要意义。通过学生的自主学习，培养学生的归纳概括能力；通过自主探究，培养学生用历史思维分析问题的能力。

合作探究一：

材料一　中国缺少的东西固然很多，但是主要的就是少了两件东西：一件是独立，一件是民主。这两件东西少了一件，中国的事情就办不好。

——毛泽东《新民主主义的宪政》

材料二　"文化大革命"期间，作为我国根本政治制度的人民代表大会制度受到严重破坏……一段时间里，全国人大常委会机关竟被实行军管，机关从人民大会堂迁出。这不能不使国家机关发生严重絮乱甚至完全陷入瘫痪。人民代表大会制度不能正常运转，必然带来民主、法制的破坏。在"文革"的一定阶段里，可以说是一个没有法制观念和法制规范的时期，甚至连群众组织都可以抓人、审讯，而辩护则被说成是对抗……在这种情况下，不要说普通平民百姓，就是中央政府的部长，乃至作为国家元首的主席，都可以不经任何法律程序而被投入监狱。尽管作为国家根本大法的《宪法》上明文写着：全国人民代表大会代表，非经全国人民代表大会许可，在全国人民代表大会闭会期间非经全国人民代表大会常务委员会许可，"不受逮捕或者审判"。但这些法律规定，都已不能起任何作用了。

——《中华人民共和国史》

①根据材料一并结合所学知识，指出建国初期中国建立了哪些新型的政治制度来保障人们当家作主的民主权利？（6分）

②材料二反映的现象给党和国家的政治建设带来了哪些危害，这些危害带给我们最惨痛的教训是什么？（6分）

合作探究二：

材料一　第二条　村民委员会是村民自我管理、自我教育、自我服务的基层群众性自治组织，实行民主选举、民主决策、民主管理、民主监督。

——1998年《中华人民共和国村民委员会组织法》

材料二　2017年"两会"上，"依法治国"再次成为代表委员们关注的焦点。

全国人大常委会委员长张德江：……在民法总则出台后，进行民法典各分编的编纂工作，争取2020年形成统一的民法典，迎接民法典时代的到来。……国家工商总局局长张茅：《网购7日无理由退货办法》将正式出台。网店、网络平台出现了问题，它们的信用要记录在案。第三方交易平台要负首要责任。人大会议上确定制定的《电子商务法》将作为今年立法工作的任务之一。电商立法主要解决目前出现的信息安全、知识产权保护、虚拟财产保护、支付等问题。

——摘编自光明网（2017年3月15日）

材料三　3月12日，十二届全国人大五次会议进入"两高报告"日。最高人民法院院长周强所作的法院工作报告中，将内蒙古农民王力军贩卖玉米案写入报告。周强在报告中指出，内蒙古法院依法再审改判王力军无证收购玉米案无罪，保障广大农民放心从事粮食收购，促进产品收购。

——摘编自凤凰网资讯（2017年3月12日）

①根据材料一、二并结合所学知识，指出新时期我国民主政治建设的重大创新之处。（6分）

②根据以上材料及所学知识，请就如何推进依法治国、建设社会主义法治国家谈谈你的看法。（6分）

小结：通过课程标准里面四个动词的着重强调，再与中国"两个一百年"和中国梦的伟大目标相结合，从而得出本节课的重点为说明民主法制建设的必要性和艰巨性以及认识实行依法治国方略的重要意义。

课堂练习：四道检测题，课程结束。

（3）课后反思。

要求学生在课后对上述问题进行思考。

（4）评析。

由于上课的对象是高一年级的学生，所以H老师应课时要求，选取了适当数量的史料对学生进行史料实证的教学，这不仅体现了教师对新的教学动态的跟进，也是对"341平板加平台"教学模式的革新。"341平板加平台"教学模式虽不是产生于历史教学中，但能很好地延展历史教学；并且通过广西民师院附中的历史教师的调配，"341平板加平台"教学模式在中学历史教学中的适用性得到了提升。

以上三个"341平板加平台"教学模式历史教学的案例，是笔者在广西民师院附中的实践调查中精心选取的。从时序上，由W老师到L老师再到H老师，我们可以看到这几位教师在教学设计上有很明显的理念更新。特别是H老师，虽然入职不久，教学经验不足，但经过对"341平板加平台"教学模式的深入了解和操作，H老师的教学成绩令人瞩目。我们可以看到"341平板加平台"教学模式对历史教师的成长是很有帮助的。它不但能帮助历史教师更快地更新教学理念，同时能使教师更好地接触教育技术，实现转型，并且它还非常能锻炼教师的课堂实操等。此外，"341平板加平台"教学模式在中学历史教学中也具有一定的适用性、迁移性、可操作性。

四、规范管理推动"341平板加平台"教学模式实施

"341平板加平台"教学模式得以在广西民师院附中实行，不仅在于它的教学理念、教育技术和设备的先进，更因为它有一套标准化的管理规范。在校方运用行政手段的强力推行下，"341平板加平台"教学模式得以在全校各个年级、各个班级的课堂教学中如火如荼地开展起来，甚至学校还举办了运用新技术进行各年级知识竞赛等活动。该教学模式沿用至今，并通过实践教学，一步一步地朝着最终目标——翻转课堂教学模式的实现缓慢地前进。

在"341平板加平台"教学模式的推行之初和新教师入职之前，谢副校长及他的团队都会对教师进行该模式的教学培训，每年举办一次教学模式的展示评比活动，并且在每学期结束之前都会进行一次关于教学模式的总结考评；在平时的教学活动中也会对教学模式进行跟踪记录，且都有相应的奖惩制度；每星期的教研活动也会对教学模式的应用进行反思。可以说教学模式是在校方运用行政手段强力推行和教师自身发展需求的背景下开展的。

教师在平时的教研活动中，主动地对"341平板加平台"教学模式在使用中的各类问题或情况进行探究、解决，主要分为日常课堂教学活动、校内公开课汇报课和参加市级以上优质课的探讨。

总的来说，"341平板加平台"教学模式的实践取得较大效果，初步实现了四个"更加"，即让学生学得更加有尊严、更加快乐、更加有效果、更加有创

新。备课实现了"五要"：一要以学生为主体；二要以教师为主导；三要以课本为主干；四要以实践为主线；五要以能力为主旨。通过教研活动，让教师的专业成长更快，同时也提高了教师的教学质量，进而促进学生的全面发展。

当然，"341平板加平台"教学模式的实施，能否切实有效地促进学生的全面发展，还是较难定论的问题，这要求我们建立更加完善的评价系统。可以确定的是，相比传统的教学模式，"341平板加平台"的教学模式更能激发学生的学习兴趣、学习主动性、学习积极性和进行更有效的课堂探究，也有利于提高课堂学习效率。对教师而言，该模式促使他们更加注重教育技术与学科教学的深度融合，有助于教师专业成长和长远发展。

参考文献

［1］何克抗. 信息技术与学科教学"深度融合"的路径与实现方法［J］. 中小学数字化教学，2018（2）.

［2］何成刚，陈亚东. 历史教学网络资源的分类及开发［J］. 历史教学，2002（12）.

［3］赵亚夫. 历史课堂的有效教学［M］. 北京师范大学出版社，2007.

［4］郭庆丽. 中学历史教学资源的有效整合［J］. 基础教育研究，2007（12）.

［5］孙凡士，田小勇，等. 教育信息化资源开发与利用［M］. 北京：科学出版社，2008.

［6］沙景荣，孙沛华. 中小学信息化有效教学应用案例［M］. 北京：中国铁道出版社，2011.

［7］乔纳森·伯格曼，亚伦·萨姆. 翻转课堂与慕课教学：一场正在到来的教育变革［M］. 北京：中国青年出版社，2015.

［8］何克抗. 论教育信息化发展新阶段［M］. 北京：北京师范大学出版社，2016.

［9］彭丽丽. 高中思想政治课"MOOC＋翻转课堂"教学模式研究［D］. 开封：河南大学，2016.

［10］肖尧. "互联网＋"时代下中学历史教学资源的整合研究［D］. 南昌：江西师范大学，2017.

现代教育技术在中学历史教学中的应用

——以历史图片的选用为例

曾素芳　肖宏发

随着时代的发展和科技的进步，许多中学历史课程开始以"线上教育"的方式出现，"互联网＋教育"逐步走进人们的生活。线上的教学实践一方面推动了现代教育技术与中学历史课程的融合，一方面也逐步暴露出在现代教育技术应用于中学历史教学实践中有待改进的问题。本文以历史图片的选用和处理为例，探讨现代教育技术与中学历史教学结合发展的应对策略，从而为中学历史教学服务。

一、现代教育技术、中学历史教学与历史图片的关系

（一）现代教育技术与历史图片的关系

在运用现代教育技术处理中学历史教学相关问题时，主要涉及相应教学环境的探讨与改善、多媒体课件素材的获取与处理、多媒体课件的设计与制作（包括图像、音频、动画、视频及网页的制作与处理）、多媒体课件教学的实施与评价等环节。现代教育技术为历史图片在中学历史课堂的运用提供更多的技术条件，而历史图片作为图像史料中的一种，在历史教学中充当辅助材料[1]，在实践中会推动现代教育技术教学理念更新与技术的完善。

（二）中学历史教学与历史图片的关系

历史图片在中学历史教学中，因其本身具有的证史功能以及直观形象、来源广泛、典型深刻等特点，相较于文字更易于创设情境，更容易产生视觉冲击以吸引学生的注意，在中学历史教学中得到较为普遍的运用。在中学历史教学

---

[1]　沈敏华. 历史教学中的图像史料及其运用 [J]. 历史教学问题，2005 (5)：109 – 111, 91.

中运用历史图片时，同样需要符合课程标准的要求，包括"了解多种历史呈现方式，包括文献材料、图片、图表、实物……形成符合当时历史条件的一定的历史情境想象"① 以及"知道绘画、雕刻、照片等图像史料是重要的史料，选择有代表性的图像史料进行研读；认识图像史料的价值，知道图像史料的运用不仅需要历史学的方法，也需要借助艺术史等不同学科的方法"②。可知在中学历史教学中需要运用历史图片来锻炼学生读图、识图的能力，同时培养学生的历史解释、史料实证等历史学科核心素养。

"所有用于研究、解说历史的图片都是历史图片，而任何图片都可以从历史的角度去进行研究。"③ 历史图片是中学历史教学中不可或缺的教学辅助材料，而现代教育技术的运用又渗透中学历史教学的各环节。因此我们在探讨现代教育技术与中学历史教学的结合运用时，可以从现代教育技术视角下的历史图片运用切入，深入分析现代教育技术与中学历史教学结合运用中存在的问题并提出相应策略。

二、现代教育技术在中学历史教学中的应用现状

在我国中学历史教学中，现代教育技术的运用主要通过多媒体教学表现出来，且可以通过观看教学中的多媒体课件——历史教学课件进行直观感受。在现代教育技术与学科融合的发展前沿上，《教育信息化2.0行动计划》提出"推动从教育专用资源向教育大资源转变、从提升师生信息技术应用能力向全面提升其信息素养转变、从融合应用向创新发展转变，努力构建'互联网＋'条件下的人才培养新模式、发展基于互联网的教育服务新模式、探索信息时代教育治理新模式"④ 的发展目标。而在当前中学历史教学中，对现代教育技术的运用仍存在以下令人担忧的现状：①虽然大多数教师能结合教学需要进行简单的技术操作，但其操作往往不熟练且缺乏创新性；②将现代教育技术运用于中学历史教学的资源开发能力与服务意识不强；③现代教育技术与历史学科教学融合的深度不够，其高端研究和实践人才依然短缺等。

据了解，历史教学中，不少师生虽然对历史图片用现代教育技术加以呈现

① 中华人民共和国教育部. 义务教育历史课程标准（2011年版）[M]. 北京：北京师范大学出版社，2017.
② 中华人民共和国教育部. 普通高中历史课程标准 [S]. 北京：人民教育出版社，2017.
③ 黄牧航. 中学历史教材图片设计的原理与实践 [J]. 历史教学，2001（9）：25－30.
④ 教育部. 教育信息化2.0行动计划 [EB/OL] [2018－06－16]. http://www.moe.gov.cn/srcsite/A16/s3342/201804/t20180425_334188.html. 2018－06－10.

这一学习方式持肯定态度，但教师在搜集、运用历史图片过程中存在一些问题，诸如：历史图片变形失真；同一页面内所用历史图片的类型与风格不一，布局混乱；现代教育技术的运用与历史教学主题缺乏密切的联系、高效的结合；现代教育技术在历史图片的运用过程中没有引起相应的重视，导致技术缺位；在运用历史图片过程中，部分教师机械地将教材内容或是将所选材料搬到多媒体课件上进行讲解，演示文稿成为支持教师灌输知识的工具，导致"人灌＋电灌"局面的形成等。因此，需要从已有的问题出发，根据历史图片资源的特性，结合现代教育技术的优势改进中学历史教学，以推动现代教育技术在中学历史教学中的应用。

三、现代教育技术在历史图片选用中的应用

在处理中学历史教学所需的历史图片时，历史图片的获取、设计、制作和输出需要结合现代教育技术，而不仅仅是为了呈现而呈现。以下，笔者从现代教育技术的运用环节进行深入分析，以此探讨和明晰现代教育技术结合历史图片在中学历史教学中的运用。

（一）历史图片的获取

探讨现代教育技术与历史图片的结合运用时，要明确历史图片是怎样获取的，在获取的过程中怎样结合现代教育技术的优势，以及在结合运用过程中有哪些值得注意的事项。为此，首先要弄清楚历史图片的来源，为接下来要探讨的设计、制作和输出环节提供基础。

1. 多途径获取历史图片

在中学历史教学中可灵活运用各种工具和技术来获取历史图片材料，如：用手机获取历史图片时，既可以通过截屏，也可以通过现场拍摄，还可以通过转存相关网站与网页的图片来获取；数码相机主要用于现场拍摄，然后转存到电脑上进行处理。用电脑获取图片的途径也比较多，选中网页上的图片并另存到电脑文件夹中即可；也可通过电脑自带的截图工具，单击"Pre Screen"键截取电脑界面，单击"Alt"键加"Pre Screen"键获取多界面的活动界面截图，然后将截图导入 Word 文档、PPT 课件或是其他文件中进行运用；此外还可以通过QQ 软件，在其运行情况下，选择其界面上的截图选项，或是同时按下"Alt""Ctrl""A"三键实现电脑界面内任意长度与宽度的截图，然后对图片进行转存与运用；其他软件如 360 浏览器等也带有截图功能，都可以实现图片的抓取。获取历史图片的方式较多，只需要教师细心留意与运用。

理清历史图片的获取方式后，需要明确以上提到的技术性方法仅仅是我们获取历史图片的途径，而更重要的是要结合中学历史教学的实际，摸清历史图片究竟应从哪里获取。这里我们可以从以下几个方面进行摸索与实践：首先，很多中学历史教师习惯从历史教学类的网站上下载课件，然后从已有的课件中选用历史图片，这不失为一种直接有效的途径；其次，可以从相关的历史教学素材光盘中寻找，这种资源对独立的教师个体而言比较少，但是对于集体性的历史备课组、名师工作室等较多，且经过集体的备课、打磨，值得我们对其展开搜索与运用；再次，可以从相关的画报、画册中阅读与运用；此外还可以从书籍（包括历史学、考古学、美术史、建筑类等）中获取；最后，各类的图书馆、博物馆与档案馆等也值得我们去检索资料，认识范围可以从身边开始，再逐步涉及更广的范围。因此，我们需要结合现代教育技术与中学历史教学实际，通过多来源、多途径获取历史图片，以逐步改变历史图片资源的匮乏、单调且无个性特征的现状。

2. 选用高质量的历史图片

在对历史图片做广泛性搜集的基础上，不排除会搜集到画面模糊、变形失真的图片，或者是经过修改以致脱离历史事实的图片，这些都不宜作为中学历史教学的辅助材料，所以在收集之初就应精选高质量的历史图片进行保存与运用。在众多图片中选择高质量的图片，有相应的技巧可循。如在浏览与存储历史图片时，优先选择进入专业的网站进行搜寻，也可以按大尺寸图片的标准进行搜索。在对历史图片进行保存的过程中，可以通过扫描的方式进行，其优点在于能长时间较完整地保存历史图片，但缺点是所需存储空间也较大。另外，高质量的历史图片的获得离不开对历史图片真实性的判断。选用真实性历史图片需要结合专业知识，对图片展示的内容进行判断，经过仔细推敲所得的历史图片才能走进中学历史课堂。

（二）历史图片的运用设计

在能有效进行历史图片收集的情况下，如果想结合现代教育技术将其有效地运用到中学历史课堂，就离不开对历史图片的有效设计、制作与输出。其中对历史图片的设计需要紧扣学生的认知水平与教学实际需要，并且需要将"美的教育"理念贯穿于历史图片设计的全过程。如此，才能避免材料的堆砌、教材的电子化翻版，从而远离"人灌+电灌"的教学方式，实现中学历史教学的科学性与艺术性。

1. 支持历史课堂的重点、难点教学

在教学设计中，将历史图片与现代教育技术有效结合，可以优化中学历史

课堂的重点、难点内容的教学。具体而言，可以用彩色突出、框线突出等技巧设计历史图片以强化所要强调的内容，结合现代教育技术手段的优势以推动教学重点、难点的解决。如南宁市第三中学 T 老师在讲授人教版七年级上册第 9 课《秦统一中国》时，结合历史图片来讲解秦统一六国的过程。T 老师在历史图片中采用了彩色突出的方式（秦为红色板块、赵为灰色板块、魏为橘色板块、韩为紫色板块、楚为绿色板块、燕为粉红色板块、齐为黄色板块），通过展示秦国的红色板块对其他色块的吞并过程，带领学生认识与学习秦在统一六国的基础上，建立起秦王朝的过程。各色板块的动态演绎使本课的教学重点内容"秦的统一过程"由抽象变得具体起来。在讲到秦统一六国后所采取的巩固统一的措施时，结合秦朝疆域图以框线突出的方式展示了秦始皇对当时岭南百越地区的管理，即设置桂林郡、南海郡、象郡来加强对地方的管理，接着进一步在地图上再次以框线的方式指出，当时修建的灵渠即在今天的广西桂林兴安县境内，从而在有效地结合乡土史基础上，推动了本课教学难点内容"通过理解秦朝采取的巩固统一的措施，来理解中央集权制的形成与发展"的教学。广西民师院附中 W 老师在讲授《新中国初期的外交》一课时，将两大阵营、三个世界以及从资本主义阵营分化出来最早与中华人民共和国建交的国家，在地图上用不同颜色动态标示出来，效果很好。该校另一位老师讲《红军长征》一课时，把红军长征经过的不同地区的关键地点用不同颜色标示，并依据地点带出历史事件如湘江之战、遵义会议等，使学生一目了然。

　　彩色突出、框线突出等是推动中学历史教学重点与难点内容讲解的有效手段。在多媒体课件中获取彩色突出、框线突出等效果的步骤主要有两步（虽然只有两步，但对大多数中学历史教师而言确实是较难的技术操作，尤其是对于我国县级及以下的乡镇、村里的教师而言），首先是获取形状，然后对形状进行填充。获取形状的具体操作如下：①在演示文稿界面选中要运用彩色突出、框线突出的历史图片，选择"插入"选项卡下面的"形状"选项；②在"形状"选项中可以根据历史图片的实际需要，选择"线条""矩形""基本形状""标注""流程图"等多种形状；③其中框线的来源既可以运用"线条"，也可以运用"矩形""基本形状""标注""流程图"等形状，而彩色突出的形状获取主要是选择"线条"下列的"自由曲线"，根据历史图片中所要突出的区域进行沿边描摹，在一笔成形的基础上可以通过选择形状上的黑色顶点，单击鼠标右键选择"编辑顶点"选项，进行相应"顶点"的增加或删除、范围缩小或扩大，从而得到想要的形状。接下来是对形状进行填充，该操作较简单。第一步选中要编辑的"形状"，第二步在编辑形状的"格式"选项卡下列，对形状进行以下调整：内部颜色的填充、外部轮廓（包括轮廓的有无、颜色、粗细、虚实等）的处理、形状展示效果（包括效果的有无、阴影、柔化边缘、棱台、三维旋转等）的预设，从而完成对形状的填充。

除了上述方式外，在历史教学设计中，还可以把重要的历史图片以重复出现的方式，将历史事件发展的前因后果串联起来，在遵循学生认知规律的情况下完成对历史课堂的设计与教学。如南宁市第八中学 D 老师在处理人教版历史必修一第 4 课时，用"龙椅——明清君主专制的加强"作为标题，以代表至高皇权的龙椅为主线，带领学生思考龙椅这张历史图片本身的含义，并以此导入课文，通过"龙椅的巩固""龙椅上的烦恼""龙椅上的无奈"讲述明朝的建立与巩固，明朝皇帝因政事繁杂产生的烦恼与"减负"措施，以及无奈之下采取加强君权的措施。随后通过"龙椅上的顶峰""龙椅上的孤独"讲述清朝专制主义中央集权达到顶峰时所设的机构，集权顶峰之后的衰落表现与留给后人的思考等，从"龙椅"的五个方面贯穿《明清君主专制的加强》一课的导入新课、新课新授等教学环节，历史图片在课堂上设计巧妙、运用恰当，重复出现的方式与中学历史教学实际相结合并得到很好的运用。而这里的重复出现的技术手段具体操作起来比较简单，即将同一张历史图片进行多次"插入"选用即可，但不少教师却没有做到，为什么呢？因为历史图片结合技术手段的运用更多体现的是历史教学设计的灵巧性，更多需要的是历史教师深厚的教学素养，即可以将教学知识进行重整与展示的能力。从这里我们也可以看到在现代信息技术高速发展的背景下，现代教育技术与中学历史教学是辩证统一的关系，需要恰当地将两者结合起来运用。

2．历史图片的应用要紧扣学生认知过程

在课前的教学设计中，除了要用历史图片配合教学重点与难点的解决，还应注意历史图片的排版要紧扣学生的认知过程以符合学生的认知加工能力，即历史图片的排版设计需要坚持以学生为中心，避免忽视学生的认知与学习的实际情况而加重学生的认知负荷。较好的例子如成都市第七中学 Y 老师，在讲授部编版七年级下册第 4 课《唐朝的中外文化交流》时，运用历史图片便紧扣学生认知过程。在其设计与教学的第三篇章"大漠孤烟——饱经沧桑的路"中，通过提供"青龙寺大雄宝殿拱眼壁画第三幅《唐僧取经图》""玄奘西游图""潜心修佛名扬洛阳图"等历史图片带领学生认识玄奘西行发展情况，接着结合"《西游记》书面图"及简要介绍，向学生提出问题："小说《西游记》中的哪些情节可能是虚构的，哪些可能是基于历史史实的文学创作？那你知道历史上的玄奘是什么样的吗?"并给出相应提示"同学们可以从以下几个方面思考:西行之原因、西行之伙伴、西行之困难、西行之成就"。在给予学生充足时间进行思考和表达后,Y 老师再进行点评与完善。

笔者发现,Y 老师在设计此教学环节时有其独到之处,其在展示历史图片材料与问题之后并不急于进入讨论环节,因其考虑到不对学生加以引导可能导致课堂讨论出现思绪无法打开或是思维过于发散等无序的情况,便有意识地引导学生从四个方面去认识、学习、思考、总结与评价历史上的玄奘西行,即中间加以思路上的引导,从而让小组讨论的环节变得有序而高效,有效避免"抛出材料与问题"便直接进入课堂讨论,看似一派热闹却耗时较多、收效甚微的情况。因此,在运用历史图片材料引发学生思考时,其历史图片的动态排版过程要充分考虑学生在思考过程中可能遇到的学习困境,教学设计中的教师眼里要有学生,力图捕捉学生的思维动态,才能在教学中较为有效地运用历史图片。

3. 历史图片的版面设计

技术的运用不仅要紧扣学生认知过程与教学实际需要,还需要将"美的教育"理念贯穿于历史图片版面设计的全过程。在用现代教育技术处理历史图片的过程中,"美的教育"理念具体体现在:一方面课件中的单张 PPT 中应遵循"三色"原则,即单张 PPT 的色彩运用不宜超过三种,否则会造成教学展示内容的混乱;另一方面在以课为单位的课件制作中,所运用的主题色彩搭配不宜超过四种,否则就会出现喧宾夺主的效果。比如崇左某中学教师在高中历史人教版必修二《古代中国的商业经济》一课中,处理教学内容与历史图片时,选用了色彩各不相同的蓝色主题背景、《清明上河图》的背景图片、出土文物的历史图片等,同时界面还采用了黄色、白色、紫色、青绿色四种颜色及不同类型的字体,界面比较混乱(见图 1),在课件投影与学习的过程中,给学生带去视觉上的混乱,造成学生抓不住学习重点。课后我们与该教师讨论,得知《清明上河图》是在课堂导入时选用的历史图片,但是课堂上图片的再次运用效果不佳,影响了学生对其他内容的学习,因此应对其颜色作弱化处理,可在历史图片上面添加一层大小相同的蒙版,蒙版的颜色、渐变情况、纹理填充、透明度等可根据实际需要进行调整,从而避免了《清明上河图》的呈现影响学生的学习。蒙版的效果主要通过在课件中选择插入"形状",再对形状进行格式调整即可,同时可以调整一下字体与颜色(见图 2)。

图1　历史图片修改前　　　　　　　图2　历史图片修改后

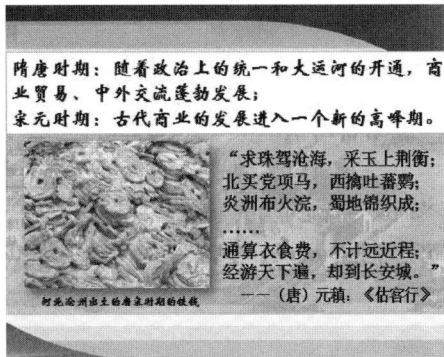

运用现代教育技术处理历史图片，如果坚持对课件的色彩进行合理搭配，学生在观看课件的过程中，其注意力就不易被混杂的色彩干扰，且不易产生审美疲劳。如果能在合理搭配色彩的基础上精心设计课件，那么学生便可在欣赏美的同时，提高对历史课程的学习效率。

（三）历史图片的制作

经过对历史图片的获取、在教学中的设计思考之后，还需要从技术制作的角度认识不同格式的历史图片，结合现代教育技术逐步对其大小、区域进行处理。另外，还可以结合教学需要生成与创作历史图片。

1. 区分历史图片的格式

在日常的学习与生活中，我们会遇到如 PNG、JPEG（或其所属的 JPG）、BMP、GIF 等不同格式的图片，可以从电子图片名称的后缀对其进行区分与识别。中学历史教学较为常用的是 JPG、GIF 格式，因此这里主要结合中学历史教学实际去解读、区分这两种不同格式的历史图片，以便于对其进行存储与选用。JPG 格式的历史图片采用有损压缩的方式，其获取来源广泛，如网上下载、手机拍摄、数码相机拍摄等，其质量较好且以静态图的方式展示出来，对色彩的信息保留较好，相较于 GIF 格式的历史图片能更真实地反映所要表达的内容，在教学中虽然多数教师没有关注到这类历史图片的格式问题，但教学中所运用的图片大多属于此类格式。

GIF 格式的历史图片采用无损压缩的方式，但不能支持更多颜色展示，其展现方式既可以是静态的图片方式，也可以是动态的动画方式，所占存储空间较小，在运用到多媒体课件中时可支持透明背景的展示。教学中对此类历史图片运用较少，其原因一方面是多数教师对 GIF 格式的历史图片缺乏相应的了解，另一方面在中学历史教学实际中缺乏相应的运用。但如果将 GIF 格式的历史图片有效地运用于中学历史课堂，同样会收获很多的教学益处。因为 GIF 格式的历史图片既可以将多张历史图片合并成一部想要的历史动画，以充分展现历史事件的动态发展过程；也可以将相关视频中所运用的历史图片逐步分解以获取想要的历史图片。从 GIF 格式的历史图片中所得到的动画与历史图片均可直接运用于课件的制作与展示。如《伟大的抗日战争》一课中，想要截取由美国记者雷伊·斯科特 1940 年 8 月 19 日 13 时拍摄的珍贵的《抗战影像志》材料中的相关历史图片，用作抗日战争这一历史事件发展的旁证，便可登陆在线制作 GIF 网站（http://www.gif5.net/）进行截取与运用，从而丰富课堂教学内容。这里 JPG 格式与 GIF 格式的历史图片也可以实现转换，另外我们也可以运用电脑自带的画图工具，选择历史图片后，通过另存为的方式实现历史图片格式的转换，以便于教学中对不同格式历史图片的选用。

2. 大小调整

在运用现代教育技术处理历史图片的形状大小时，切忌将原有历史图片调整到变形失真、内容顶边，导致历史图片不能真实反映原有内容，合理的处理技巧是将历史图片进行等比例缩放，再运用裁剪工具调整成合适大小。造成图片内容不能真实反映原有内容的主要原因是部分教师缺乏对现代教育技术的操作与练习。首先在进行等比例缩放操作时，注意不是选择图片边缘进行直接的调整，而应该同时按住"Ctrl"键与"Shift"键，再用鼠标选中历史图片两边相交的顶点处，进行等比例的大小调整，得到合适的历史图片；而对历史图片进行裁剪时，可以通过选中历史图片，点击图片"格式"选项里面的"裁剪"工具，这样就可以对历史图片进行任意长度与宽度的裁剪，在长度与宽度调整好之后，点击历史图片外的空白界面，这样便完成了对历史图片的裁剪。

3. 区域处理

充分运用现代教育技术对图片的形状大小进行修改后，再结合教学需要对历史图片的内容区域进行处理。可以运用包括遮挡、去除图片背景等技术手段剔除历史图片中的冗余信息，使历史图片本身能在强调视觉冲击力的同时突出强有力的观点。如在部编版七年级上册第 1 课《中国早期人类的代表——北京人》中，学生通过观察比较大猩猩、北京人、现代人的头部图片、体貌图片以及大脑容量图片，得知北京人的体质特征。对头部图片、体貌图片以及大脑容量图片进行处理时，注意突出大猩猩、北京人、现代人三者的头部、体貌以及大脑容量进行对比的部分，而对于历史图片中的其他部分如旁边的树木、动物等冗余信息，可以运用 PowerPoint（中学历史教学一线中处理历史图片的主要软件）自带的背景剔除命令以及遮挡工具，对背景进行删除，对多余的部分进行遮挡，以此突出关键信息来聚焦学生的注意力。PowerPoint 自带的背景剔除功能可以通过选中图片，然后在图片的格式选项卡中选择"删除背景"选项完成；遮挡工具主要是在历史图片中插入"蒙版"，而"蒙版"的获取与运用上文已经探讨过，故不再赘述。

对头部图片、体貌图片以及大脑容量图片的修改完成后，可以用"组合"的方式，将每组历史图片结合为一个对象，方便整体的修改。具体操作包括按住"Ctrl"键，同时选择一组历史图片，可以选择图片格式选项卡中的"对齐"选项，实现各图片之间距离的调整；然后选择"组合"选项，将一组历史图片组合为一个对象，实现整体的拖动与修改。

（四）历史图片的输出

借助现代教育技术，我们能更好地获取、设计与制作历史图片，但中学历史教学中的历史图片输出，也是整个应用环节中不可缺少的一环。历史图片的输出环节主要涉及如何有效地播放。历史图片的播放过程，一方面如前文所述，不能不顾学生的内在思维过程，将历史图片与历史结论一次性展现出来，而是应该在紧扣学生认知过程的基础上逐步播放。而另一方面，历史图片的具体播放方式可设置为相应的"动画"，在"动画"选项卡之下，还可以设置其进入效果、强调效果、退出效果以及动作途径，同时针对设置的"动画"增添"效果"选项，包括从底部、左侧、右侧、顶部等进行设置。

四、 反思与展望

自进入信息时代以来，科学与技术的发展日新月异，现代教育技术跟随时代发展的步伐亦取得了长足的进步。现代教育技术与中学历史这一门具体的学科在相互碰撞、摩擦、融合的过程中，既存在问题也充满契机。为促进双方的交流与进步，需要在正视问题的基础上进行深入分析并提出相应策略。因此，本文在探讨如何将现代教育技术更好地运用到中学历史教学中时，主要从历史图片的具体操作着手进行深入探讨与分析。当前由于部分教师缺乏对现代教育技术的认识与练习，对历史图片的处理与运用技术掌握不熟，较易出现"人灌"加"电灌"的教学现状。在探讨改进这一教学现状时，主要从历史图片在教学运用中的四个环节入手，逐步探讨了历史图片在获取、设计、制作、输出过程中如何更好地结合现代教育技术，以推动中学历史教学的发展。在今后的现代教育技术与中学历史教学的结合发展中，既要加强现代教育技术的交流与学习，也要加强对现代教育技术与历史学科结合应用的研究与实践。从提高教师运用现代教育技术为教学服务的意识出发，在具体的教学操作中要有效地将历史学科教学与现代教育技术结合起来，为中学历史教学一线服务，其中要充分考虑学生的学习实际、教学需求情况等多方面。而面对教学的现状与今后教学与技术的发展问题，我们应该继续学习乃至终身学习现代教育技术，以辅助我们的中学历史教学，从而取得更好的教学与教育效果。

参考文献

[1] 李德藻. 中学历史教材插图教学研究 [J]. 历史教学（高校版），1998（6）：24–27.

[2] 黄牧航. 中学历史教材图片设计的原理与实践 [J]. 历史教学，2001（9）.

[3] 沈敏华. 历史教学中的图像史料及其运用 [J]. 历史教育问题，2005（5）.

[4] 支小勇，刘美. 高中历史教科书插图研究 [J]. 历史教学，2007（11）.

[5] 吕艳. 中学历史课程中历史图片应用研究 [D]. 南京：南京师范大学，2007.

[6] 朱汉国，郑林. 新编历史教学论 [M]. 上海：华东师范大学出版社，2008.

[7] 彼得·伯克. 图像证史 [M]. 北京：北京大学出版社，2008.

[8] 付丽枫. 高中历史教科书中的图片研究 [D]. 武汉：华中师范大学，2008.

[9] 杜芳. 新理念历史教学论 [M]. 北京：北京大学出版社，2009.

[10] 于友西. 中学历史教学法 [M]. 北京：高等教育出版社，2009.

[11] 张健. 图像史料在历史教学中的意义和运用 [D]. 上海：华东师范大学，2009.

[12] 赵玲. 历史图片在高中历史教学中的开发与运用 [D]. 长春：东北师范大学，2010.

[13] 庄学斌. 历史图片在高中历史教学中的运用 [J]. 中学教学参考，2015（4）.

[14] 刘付安. 高中历史教学中运用图片资料存在的问题及对策研究：以岳麓版教材为例 [D]. 烟台：鲁东大学，2015.

[15] 敖雪峰. 现代教育技术在历史教学中的应用现状分析 [J]. 历史教学，2016（6）.

广西民族地区高中史料教学现状与对策

——以崇左市 D 中学为例

蒋湘慧

史料教学法一直是历史教学中最基础的方法之一。它要求教师引导学生正确地处理史料，教会学生运用科学合理的方法从史料中提取信息并将其运用于相关问题的解决，注重培养学生理解历史的思维和分析解决历史问题的能力。史料教学不囿于"记忆知识"和"得出结论"，而应着力于对实证和思辨能力的培养，这正是史料教学的生命力所在。① 但是真正运用好这一方法，还需要多方面的条件和努力。本文以崇左市 D 中学为例加以探讨，以期推进史料教学的有效实践。

一、崇左市 D 中学史料教学现状分析

广西崇左全市共有 74 所高级中学，D 中学是其中教育水平较高的一所县级重点中学，本文将以 D 中学为主要调研对象，同时走访调查其他几所教育水平相当的高级中学作为补充，了解当前崇左市普通高中史料教学的实践情况。

（一）推行史料教学的客观条件分析

由于教学的硬件设施的局限，一些学校上课往往只能以板书来呈现，这制约了多元史料的展现。在实际教学中，要进行一堂内容丰富的史料教学课，往往需要以导学案的形式打印材料，如此大量的资源消耗也不利于史料教学的常态化。

对教师而言，笔者所调研的 D 中学限于财力，无法为教研组购买各类网络学术资源，如"中国期刊网"等常用网站上的资源，教师很难从专业、严谨的网站上获取学术资源和教育资讯。学校图书馆的书籍也以学生为主要受众，并

---

① 何成刚，等. 史料教学的理论与实践 ［M］. 北京：北京师范大学出版社，2015：9.

且因为历史学科长期以来被定位为"副科",学校采购图书时也不会选择内容艰深、价格高的历史学专著。

此外,历史教师的人数不足是目前整个崇左市历史学科面临的普遍问题。笔者 2017 年所调研的 D 中学,历史学专业师资缺口较大,每位教师的教学任务非常重,很难有时间和精力去打磨史料教学,而历史教学内容包罗万象,对教师的专业素养要求较高,没有良好的条件和长期的磨炼,则很难做到优秀。

(二)教师的史料教学实践现状分析

1. 教师推行史料教学的客观条件分析

在现实工作环境以及发展条件的压力和限制之下,教师本人的思想观念和教学水平对史料教学的推行就显得至关重要。据了解,包括 D 中学在内的各所高中每周都会定期开展历史教研会,讨论总结历史教学相关问题和学术科研方面的工作。且各校之间会不定期联合举行教研活动,如听评课、高三复习工作经验总结等。D 中学还申报了一项以"必修与选修教材整合的实施研究"为主题的科研课题,并限定研究的地域范围为广西边境民族地区的高中。C 高中、M 中学每年也都成功申报了教研课题。可见,教师具备相应的学术研究意识与能力,并且着重关注广西边境民族地区,体现了研究的针对性和地域特性。然而,很多教师受限于各自的教学任务和行政工作,难以深入各地进行实地调研和广泛的文献搜集。

在日常教学方面,笔者也就史料教学的实施现状与 D 中学的一些历史任课教师进行了访谈。在访谈中,有教师直言不讳,出于对学情和高考要求的考虑,目前的日常教学中较少认真打磨史料教学法,部分教师甚至并不完全认同史料教学在高中课堂的意义。为了保证升学率,不少教师都坚持传统教学法,不愿冒险尝试新的教学方法。

2. 教师推行史料教学的主观因素分析

为了进一步了解崇左地区其他学校的教师开展史料教学的情况,笔者还对 C 高中、M 中学、F 中学等 7 所中学的历史教师进行了问卷调查,共计发放问卷 28 份。尽管调查范围较小,但这几所高中的教学水平在崇左地区各市县仍具有一定代表性,因此可以管中窥豹,大概勾勒出崇左地区普通高中历史教师对史料的认识、对史料教学的认知、对史料教学实施状况以及本校学生的学情的判断。

对史料的认识:认为史料是与历史学习有关的资料的占 46%,认为史料是人类遗留下来的文字记录的占 29%,认为史料是人类活动遗留下来的所有痕迹的仅占 25%。可见,大部分教师存在知识盲点,尽管从事历史教学,但对史料的定义都没有准确把握。

对史料教学的认知：认为史料教学是在教学中引入一定史料，拓宽学生知识面，激发学生学习兴趣的占25%；认为史料教学是通过史料分析得出一定结论的占46%；认为史料教学应该科学严谨、客观公正分析历史的占29%。总的来说，大部分教师能把握史料教学的基本作用，但仅有33%的教师能准确把握史料教学的本质要求。

结合以上两点，可以发现教师对于史料教学的认知并不完全准确，大部分教师甚至无法明确判断史料的定义。

史料教学实施状况：仅把史料作为佐证而对其进行简单讲解的占4%；根据史料制定问题，用以检测并点评学生史料研读能力的占64%；完全由学生自主研读史料，发现并解决问题的占32%。在史料教学的具体操作中，教师普遍关注学生参与史料研读的程度，注重对学生史料阅读能力的培养。

对学生能力的要求：要求学生通过史料了解基本历史概念的占4%，要求学生辨别史料类型并进行对比分析的占82%，要求学生客观全面分析史料并作出科学评价的占14%。可见教师对学生史料研读能力的要求并不是特别高，学生只需要辨认史料的形式、能进行内容对比即可。

学生的实际表现：学生完全无法理解史料含义的占4%，学生能从史料中获取基本信息并联想到某些所学知识的占93%，学生能准确概括史料信息并准确联系所学知识解决问题的占3%。

结合以上三点，可知教师在史料教学过程中采取的方法比较单一，学生史料研读的能力水平与教师的要求基本相适应，都处在中等水平。

（三）学生史料研读能力的现状分析

1. 学生史料研读能力的现状调查

为了全面了解史料教学在实践中的真实情况，笔者结合教师版问卷调查设计了一份针对学生的史料教学现状调查问卷，共收回112份，主要涉及对历史学科的难度评判、对历史概念的认识、研读史料的意识、现有的史料研读能力和对课堂史料教学的认识与评价等方面。

首先是对历史学科的难度评判：认为历史很难的占74%，认为历史学习难度适中的占16%，认为历史比较简单的仅占10%。由学生的态度可以推断，高中生学习历史的能力与他们所面对的教学目标要求普遍不相适应。

其次是对历史概念的认识：对于什么是历史概念这类问题，认为历史概念就是历史事件的占35%，认为历史概念就是历史观点的占24%，认为历史概念是对历史事实的概括的占41%，可见，还有相当一部分学生并没有掌握基本的历史学理论常识。

再次是涉及学生研读史料的意识：在课外主动阅读教材或其他来源提供的史料的占 21%，在教师要求或指引下会在课外阅读史料的占 28%，在课外完全不会主动阅读史料的占 63%。很明显，大部分学生没有形成史料研读的意识，仅仅把史料阅读作为上课或考试的任务。

最后一点涉及学生对文字史料的阅读理解能力：能够独立完成史料阅读并基本掌握史料信息的占 29%，在教师或教辅书籍指导下能基本掌握史料信息的占 61%，经过教师指导或参看教辅书籍仍然觉得掌握史料信息存在困难的占 10%。可见有相当一部分学生并不具备独立研读史料的能力。

此外，从学生角度了解教师采用的史料教学方法：认为教师把史料作为课文内容的佐证进行简单讲解、不做具体分析的占 21%；认为教师根据史料命制试题，用材料分析题检测并点评学生的史料研读能力的占 70%；认为教师在课堂上将史料交给学生，由学生自主研读、发现和解决问题的占 9%。这与教师问卷中反映的现象基本一致，说明目前史料教学在课堂中的呈现形式仍然比较传统且单一。

对于学生自己而言，对史料教学效果的评判也不甚乐观。在回答"你认为采用史料教学方法对提高你的历史学习能力是否有帮助？"时，认为有帮助的占 47.3%，认为没有帮助的占 27.6%，还有约 25% 的学生无法说清史料教学是否对自己有帮助。

2. 学生史料研读能力的现状剖析

结合笔者的教学实践和上述调查，学生的历史学科知识基础薄弱是十分普遍的问题。例如，笔者在讲解人民版高中历史必修三《专制中的启蒙》一课时，提问资产阶级革命最早发生的时间和地点，学生无法快速准确地回忆起来。对于重大历史事件和人物的记忆都不明确，这一问题同样反映在历史科目考试当中。在随机访谈学生的过程中，学生普遍无法准确记忆和表述重大历史事件、历史现象和历史阶段，也没有制作和使用历史年表的意识。追问原因，主要有以下几点：首先学生表示从初中以来就没有打下良好的历史知识基础；其次，在高中阶段的学习中，不少教师并没有强调历史概念、历史研究方法，很多文科生都缺乏对历史研究理论和方法的系统了解。由于无法构建准确而完整的历史时空，不少学生无法准确描述历史变迁的基本面貌，比如出现回答"光荣革命"发生在 18 世纪的法国这种情况。

在访谈中笔者还发现，学生普遍反映历史很难学，一定程度上是因为读不懂历史材料。不少学生的语文阅读能力比较薄弱，不仅无法通读并理解文言文，甚至难以正确理解民国以来的文字材料和经过翻译的外国文献。笔者认为这一问题是阻碍史料教学实践发展的重大原因。

当然，由于高中学生学业繁重，时间紧迫，学生在高压之下很难分出精力主动投入到对某一门课程的钻研之中。因此除了历史课本中的叙述，学生较少再关注课本链接中的史料，更少主动阅读课本外的其他史料。因此，要有效实施史料教学，必须在深入了解学情和课程标准的情况下，综合各方面因素来进行教学设计并积极实施。

二、史料教学课例分析

在笔者调研期间，D 中学 2015 级高二×班的 L 老师进行了一次以史料教学为主的新课教学，内容为人民版高中历史必修三专题四第 1 课《孙中山的三民主义》。教学内容以事件发展的逻辑顺序为线索，分为三民主义与新三民主义两大主题，每个部分以"产生背景——提出过程与主要内容——历史评价"为线索进行串联。其导学案的编排顺序及其选用的材料如下所示：

（一）"三民主义"子目中史料运用的分析

1. 提出背景

材料一

春　愁

春愁难遣强看山，往事惊心泪欲潸。

四百万人同一哭，去年今日割台湾。

材料二　1898 年 9 月 21 日，慈禧太后宣布重新"训政"，将光绪帝囚禁在中南海瀛台。囚禁光绪帝之后，慈禧开始大肆搜捕维新党人。9 月 28 日，谭嗣同、刘光第等六人慷慨就义，史称"戊戌六君子"。其他倾向变法和参与新政的官员，或被囚禁，或被罢黜，或被放逐。

材料三　1895—1898 年，国内新创建的商办厂矿企业，资本在万元以上的有六十多家，平均每年设厂 15 家以上。

材料四　"人能尽其才，地能尽其力，物能尽其用，货能畅其流——此四者，富强之大经，治国之大本也。……试观日本一国，与西人通商后于我，仿效西方亦后于我，其维新之政为日几何，而今日成效已大有可观……"

——1894 年孙中山《上李鸿章书》

"革命为唯一法门。""我们必须倾覆满洲政府，建设民国。革命成功之日，……废除帝制，实行共和。"

——1903 年 12 月 13 日孙中山的演说

问：依据上述材料，概括指出三民主义是在什么历史背景下提出的？

以上为该课第一部分第一节的教学内容：三民主义的提出背景。从史料类型来看，四则材料均为文字材料，其中材料一为文学作品，材料二、三为后人梳理整合的多个历史事件以及历史现象，属于间接史料，材料四为亲历者言论，可视为直接史料。从材料的内容来看，材料一反映了甲午战争中国失败后台湾被日本割占的史实，材料二反映了戊戌变法的失败结果，材料三反映了甲午战争到戊戌变法期间国内民办企业的发展状况，材料四则反映了在甲午战争结束前到庚子战争后孙中山救国思想的变化。这些都是这一历史时期的重大历史事件或现象，同时反映出生产力的发展水平决定人类社会进程的唯物史观。材料涉及政治、经济、思想三个领域和主客观两个方面的原因，角度多元，有利于培养学生的发散性思维。总的来说，史料的选取具有典型性和代表性，有助于学生全面地了解当时的政治、经济、生活状况，而探讨孙中山前后思想的转变，为学生思考三民主义产生的原因提供了非常明确的切入点。

在史料教学方法上，L 老师采用了学生自主阅读并回答问题，之后教师对材料进行分析总结的方法。然而从学生的回答情况来看，学生并不能明确意识到材料所指的具体内容，而是以课本的总结生搬硬套，得出"19 世纪末 20 世纪初，西方列强对中国的侵略不断加深，清政府的统治日益腐败，中国反帝反封建的革命运动不断高涨"这一结论。在学生回答完毕后，教师并没有加以点评，而是直接依照自己的思路对材料进行了解读。

2. 三民主义的提出

材料一　民族革命的缘故，……我们并不是恨满洲人，是恨害汉人的满洲人。假如我们实行革命的时候，那满洲人不来阻害我们，决无寻仇之理。……如果满人始终执迷，仍然要把持政权，制驭汉族，那就汉族一日不死，一日不能坐视的。

材料二　中国数千年来，都是君主专制政体，这种政体，不是平等自由的国民所堪受的；要去这政体，不是专靠民族革命可以成功的。……至于着手的时候，却是同民族革命并行。我们推倒满洲政府，从驱除满人那一面说，是民族革命；从颠覆君主政体那一面说，是政治革命。并不是把革命分作两次去做。讲到那政治革命的后果，是建立那民主立宪的政体。外人断不能瓜分我中国，只怕中国人自己瓜分起来，那就不可救了。所以我们定要由平民革命，建国民政府。

材料三　社会问题，在欧美是积重难返，在中国却还在幼稚时代；但是将来总会发生的，到那时候收拾不来，又要弄成大革命了。我们实行民族革命、政治革命的时候，须同时想法子改良社会经济组织，防止后来的社会革命，这真是最大的责任。……欧美各国善果被富人享尽，贫民反食恶果，总由少数人把持文明幸福，故成此不平等的世界。……欧美为甚不能解决社会问题？因为没有解决土地问题。……解决的法子，社会学者所见不一。兄弟所最信的是定地价的法，比方地主有地价值一千元，那定价为一千，或多至两千，就算那地将来因交通发达，价涨至一万，地主应得两千，已属有益无损，盈利八千，当归国家。这于国计民生皆有大益，少数富人把持垄断的弊窦，自然永绝，这是最简便易行之法。

——孙中山《民族的、国民的、社会的国家》（1906年12月2日）

阅读材料，回答问题：

根据材料一分析，孙中山认为"民族革命"的任务主要是什么？你怎么评价孙中山的观点？

根据材料二，指出孙中山"政治革命"的目标是什么？又是如何实现的？

根据材料三分析，孙中山设法"改良社会经济组织"的原因有哪些？具体做法如何？

以上为该课第一部分第二节的主要内容：三民主义的核心思想。思想史的教学普遍存在一个难点：思想意识具有抽象性，往往需要通过大量的文字进行论述。本段材料选自孙中山的一篇演说词，是孙中山本人对于民族革命、政治革命和改良社会经济组织这三大问题的论述，从史料价值来说可信度非常高，学生能够透过文字直接看到孙中山的言论思想，而不是通过他人的转述或概括去了解，这对于培养学生研读直接史料的能力很有帮助。并且，原文篇幅不短，教师能根据需要裁剪出长短合宜、表述较为完整的文段也反映出教师具有相应的史料教学能力。

然而，笔者对这三则材料的出处存有疑惑。经查，该文为《民报》创刊一周年纪念庆典上孙中山的演讲词，被收录在《孙中山文集》中，命名为"三民主义与中国民族之前途"，而《民族的、国民的、社会的国家》却无对应内容，似乎此篇文章并不存在。

在教学方法上，仍然采用自主阅读和问答式教学法，针对三则材料分别提三个问题，对应孙中山的"三大主义"，学生能够根据文段和课本准确地捕捉每则材料的关键词，回答出三民主义的基本内容。然而，每个问题的逻辑结构并不完全相同，问题一要求回答民族革命的任务并对其观点进行评价，问题二要求回答政治革命的目标及其实现方法，问题三要求回答孙中山"改良社会经济组织"的原因和具体做法。这三个问题事实上都没有完全符合材料所展现的内容，要么是范围缩小，如问题一没有探讨民族革命的原因；要么是超出材料所含信息，如问题二要求指出政治革命的具体实践。这些都可能影响学生对材料信息要点的筛选和判断。

3. 评价（小组讨论）

材料列举了四组图片，主题分别为《中华民国临时约法》、"黄花岗七十二烈士墓""大总统誓词""湖北军政府成立"。

（1）请按发生时间的先后对以上事件进行排序。

（2）结合上述事件和所学知识，分析三民主义的历史影响。

（3）我们如何评价三民主义？

在以上内容中，要培养学生的历史学科素养，必须引导学生构建正确的时空观念，在唯物史观的指导下进行历史解释，并在学习和探究历史的过程中体味人文情怀，培养爱国忧民的社会责任感。本节内容的材料选取和问题设置充分体现了这一思路。历史唯物主义认为社会意识能反作用于社会实践。在三民主义旗帜的指导下，一系列民族革命和政治革命活动相继爆发，而每一个特定的历史事件又将引发相应的结果。而不论是政治思想还是社会实践，都是由英雄人物带领的社会群体活动，都对人类历史进程产生了影响，个人历史价值的实现与追求国家富强、社会进步的目标达成了一致，当史料研读达到这一层面时，历史，这一永远逝去、不可重复的事物，其中蕴含的现实意义与社会使命也将浮现出来。

值得一提的是，本节教学首次采用了图片史料，丰富了史料类型。并且前两节教学中内涵丰富的文字史料可能已经消耗了学生较多的精力，改用简明直观的图片史料有助于缓解疲劳，符合高中学生的接受能力和学习心理。

在教学过程中，学生能准确地排列出事件的先后顺序以及它们与三民主义思想之间的因果关系；然而在对三民主义进行评价时，回答主要跟随教师的思路，从宏观的积极影响和消极作用两方面着手，这一评价方法贯彻了辩证唯物主义的思想，然而却很难再启发学生选择其他具体的角度对三民主义进行多元评价。事实上，三民主义本身具有的政治学价值和特定时期的民族观念都是可以进行延伸学习的知识点。

并且在这一节的实际教学过程中，三民主义的现实意义并没有通过讨论体现出来，学生对三民主义的评价基本停留在它具体的历史作用上，即民族主义反映了人民意愿和时代要求，民权主义是三民主义思想的核心，民生主义体现了孙中山本人维护广大人民利益的美好愿望，三民主义对近代资产阶级革命的胜利起到了巨大影响，等等。然而，孙中山的三民主义对于解决当前海峡两岸问题是否有所助益，三民主义中追求政治民主、强调民族平等和社会公平正义的思想是否还有现实价值等都未能进行引申教学。

（二）"新三民主义的提出"子目中史料运用的分析

材料一 一战期间，有所发展的中国民族工业，战后又重新受到帝国主义列强的压迫。在帝国主义的策动下，军阀混战不断，"打倒列强，除军阀"成为全国人民的共同愿望。

材料二 南与北（军阀）如一丘之貉。

——孙中山

材料三 中华民国就像我的孩子，他现在有淹死的危险。……我向英国和美国求援，他们只顾着站在岸上嘲笑我。这时候，漂来了苏俄这根稻草，因为要淹死了，我决定抓住它。……我目前正在改组中国国民党，使本党能有更多的工人参加进来。……为了谋求社会的根本改变，还要努力唤起民众觉醒。

——1922年孙中山谈话录

问：根据材料分析孙中山提出新三民主义的背景。

材料四 新三民主义是联俄、联共、扶助农工三大政策的三民主义，没有三大政策，或三大政策缺一，在新时期，就都是伪三民主义或半三民主义。

——毛泽东

问：新三民主义和三大政策是什么关系？

材料五 消除内乱、打倒军阀，建立国内和平；推翻国际帝国主义的压迫，达到中华民族完全独立；统一中国为真正的民主共和国。

——中共二大民主革命纲领

组织无产阶级，用阶级斗争的手段，建立劳农专政的政治，铲除私有财产制度，渐次达到一个共产主义的社会。

——中共二大最高革命纲领

问：中共革命纲领与新三民主义之间有什么关系？

以上为该课第二部分的主要内容，因为新三民主义与旧三民主义的思想一脉相承，且受到教学时间限制，这一部分内容的教学设计相对简单，主要借助教科书上的论断进行对比分析，着重学习新三民主义及其实践成果。尽管设计简单，但本节教学完整体现了三个重点，一是三民主义发生变化的原因，二是新三民主义的延伸——三大政策，三是新三民主义的诞生和实践对民族民主革命的影响。

针对前三则材料，问题设置为新三民主义产生的背景。材料一是间接材料，概括了第二次世界大战结束和辛亥革命以后中国的政治经济状况和时代需求；材料二、三是站在孙中山本人的角度指出三民主义实践的困境和重生的机遇。

这一部分的教学内容相对简单，学生可以在教师指导下，从主观与客观两个角度分析历史原因，解答相关问题。

（三）"课堂延伸"部分史料运用的分析

材料一

中山先生的一生历史具在，站出世间来就是革命，失败了还是革命。

——鲁迅

他全心全意地为了改造中国而耗费了毕生的精力，真是鞠躬尽瘁，死而后已。

——毛泽东

他为民族独立、民族自由、民生幸福，为国家的统一和富强贡献了毕生精力。

——胡锦涛

问：我们应该学习孙中山先生的什么精神？

材料二

中山先生名言：

做人最大的事情是什么呢？就是要知道怎样爱国。

立志是读书人最要紧的一件事。

当立志做大事，不立志做大官。

吾志所向，一往无前；愈挫愈奋，再接再厉。

问：请你根据所学所知，谈谈中山先生具有哪些值得敬仰的品质。

以上为该课的延伸学习部分，主题是孙中山的精神品质。因为课堂教学时间的限制，这一部分并没有详细展开。但从材料选取和设计来看，体现了教师对学生进行情感态度与价值观培养的意图。不论是孙中山本人的言论，还是后世名人对他的评价，都体现了他身上具有的超越时空界限的家国情怀。做人要以爱国为本，终其一生为国家富强、民族独立和社会进步而努力奋斗。这样的精神品质，不仅仅存在于历史之中，不仅仅存在于伟人身上，每一个人都可以以此为志，在奉献社会的过程中追求和实现个人价值，正因为如此，孙中山的精神才永不过时；正因为如此，三民主义背后的历史才会至今仍能发掘出现实意义。

总体来看，整堂课的教学设计思路清晰，材料内容和数量的选取比较恰当。除此之外，本堂史料教学实践课在史料选取和运用的方法和教学手段方面仍然存在一些值得商榷的地方。

首先，L 老师制作了学案，但严格意义上这并非一份集体研讨、内容完整的学案，可以看作是一份材料分析题合集。学案分为三大部分，第一部分"三民主义"包含提出背景、内容和评价三方面要点，引用材料共 8 则；第二部分"新三民主义的提出"包含背景、对比和实践三方面的内容，引用材料共 5 则。第三部分"课堂延伸"列举了孙中山名言、后世名人评语，并提示学生体会学习孙中山的精神品质。

总体而言，这份学案选用的史料数量充足且字数适当、难度适宜，然而在史料选取和引用的具体操作上可能存在一些细节差错。教学部分的 13 则材料中，有 8 则材料没有标明出处，这就给史料辨伪带来了一定难度。如果无法准确把握史料来源，那么史料的真实性也难以确定，学生也就不能直接从这一角度对史料进行实证分析了。造成这一问题的原因可能如上文所述，是教师缺乏充足的备课时间，在搜集借鉴各类材料时无暇再次核准史料来源。

不论如何，史料选取的过程，就是考验教师本人的"史料实证"意识和能力的过程。史料信息是否充足，史料来源是否可靠，都需要教师付出精力去搜集和查证。虽然便捷的工具能帮助我们获取大量信息，但笔者在调研中仍然发现存在这样一种现象：部分教师在备课时未仔细核实史料是否真实准确、史料呈现的内容是否完整、史料的裁剪是否得当，有的史料引用时并不注意标明出处，还有的教师会直接采纳"百度百科"提供的无法确保真实性的信息作为"史料"。

本课的主题是"孙中山的三民主义"，属于思想史的范畴。在中学历史教学中，思想史历来被认为难学难做，主要原因是其以理论为主、内容抽象，比较乏味且不易理解，因此思想史的教学必须结合当时的政治活动、经济发展、社会风貌等多方面的情况来进行，同时论证某一思想与某一行为表现是否存在必然的因果关系，必须全面立体地重塑某个时代的历史风貌，厘清社会各个构成部分的关联。历史是不同的人、不同的思想、不同的行为共同作用的结果。

这 13 则材料中，尽管涉及政治经济方面的史料，但有 7 则材料均出自孙中山一人之言论，相对而言还是稍显单一。若能补充一些与孙中山处在不同立场的同时代人士的言论，学生或许更能多方位感受历史现象的复杂性和社会变革对各阶层的影响。

此外，在史料的具体应用上，笔者也产生了一些疑问。首先，运用史料的目的是否偏离了史料教学的本质。史料教学本意是为了培养学生研读史料的意识、发现问题和解决问题的能力，教师需要着重了解学生具体的思考方式，而不是单纯为了用材料印证某一个预设好的结论。这也就意味着，史料教学不必强求标准答案，甚至不必设置问题，学生自主学习、思考的过程和学习处理史料的方法才是史料教学的关键。

同样的，史料教学也必须以学生为主体。史料教学过程中，学生的主体性不仅可以体现为主动阅读史料并提出问题，还可以体现为学生能在教师的指导下自主搜集和筛选史料。然而遗憾的是，目前普遍住校又缺乏互联网使用条件的高中生并没有太多途径和时间去参与这一环节，史料实证的能力难以得到充分锻炼。

史料教学的模式尚待丰富。以材料分析为主的问答式教学基本上贯穿了整个课堂，思考的每一步都被编排进了教学设计，学生只需跟随教师按部就班地走到指定目的地。事实上，史料教学的形式还可以更为多样化。尽管学生自己缺乏搜集史料的条件，但教师可以考虑将一定数量的、无序的、不分真伪的史料分发给每个学习小组，指导学生以小组为单位对史料进行研读、辨伪和重构。这样的方法或许更有利于提高学生的课堂参与度和学习积极性。

还有一点，正如上文所提及的，在该课教学过程中，尽管教学设计中包含家国情怀的因素，但实践中因为种种原因和限制，对学生的情感态度和价值观的熏陶相对欠缺，比如没有充分运用孙中山的生平经历和爱国品质对学生进行教育。

三、提高史料教学有效性的对策

针对以上种种情况和问题，笔者认为推进史料教学实践最终仍要回到史料教学的落脚点，即培养学生研究史料的意识与能力上。配备各类教学使用的硬件设施是史料教学得以开展的前提；提升教师个人的专业素养、扩大教师的发展空间是推动史料教学质量提升的关键；而以学生为主体，基于学情、根据学生的实际能力而不是学段制定具体的学习目标，切实提高学生史料研读意识和能力是根本落脚点。基于以上几点，笔者认为提高史料教学的"出镜率"和有效性可以从以下三个方面着手。

（一）改善史料教学所需的客观条件

要从根本上解决史料教学实践的困境，仍然需要政府的高度重视与财政投入，以政策优惠吸引优质师资，提高学校的硬件设施水平，为教师的职业发展提供有力的经济支持。多媒体教学工具的普及自不必说，图书馆藏书的丰富其实还有相对经济节约的方法。

在信息时代，互联网中的数据库可利用价值非常大，部分中学虽然没有足够的经济条件订购数据库，但可以通过与大学合作，分享学术资源和电子数据。此外，相比价格高的"大部头"著作，文史教学期刊价格亲民，且易于传阅，教师不见得有充足的时间阅读专著，但完全可以抽空翻翻手边的杂志，既能借此学习优秀的教学理念还能与时俱进了解学术前沿动态，对提升教师素质和教学水平都有不小的作用。同时，随着互联网技术的发展，信息共享升级为资源共享，学校或历史教研组甚至各个班级的学生都可以自发利用互联网进行各种资料或教学道具的"海淘"，用一定的经费采购回来用于教学，同样相对简单易行。以上种种，都有利于教师方便快捷地获取教学所需的史料，了解史料教学前沿理论。

（二）丰富史料来源和教学手段

1. 充分利用现有史料资源

史料教学能否有效进行，关键在于教师是否能正确把握史料教学的内涵并采取切实有效的教学手段。对教师而言，转变教学观念是第一位的。史料教学在历史教学中的地位虽然不容置疑，许多教师会认为史料教学必须独辟蹊径，发掘课外的学术资源，从中获取教学可用的史料，但如果没有足够的时间和能力，也不必花费过多精力去一味地求新求全发掘史料，完全可以调转目光，利用教科书里、教辅书中、高考卷上公认的典型史料对学生进行史料研读的能力训练。高频出现的典型史料通常具有权威性，来源可靠，可以基本保证史料的真实性，这也省去了教师用于史料辨伪的时间。

总之，史料教学的根本目的是对于探究能力的培养和人文精神的塑造，而不仅仅是进行填鸭式的内容扩充和徒有其表的形式展现。

2. 开发乡土历史资源

对于边境民族地区而言，乡土历史的开发利用对于历史教学和爱国主义教育的意义尤为重要。各民族优秀的文化遗产都是中华民族文化的组成部分，也是人类历史上耀眼的明珠，值得人们去保护和传承。了解家乡的发展历程，既能培养学生的文化归属感和民族自豪感，又能让学生意识到振兴民族文化、发展区域经济的重要性和迫切性。历史上广西地区多次的民族融合也能帮助学生理解民族平等、团结和携手合作共同繁荣的伟大现实意义。

广西天然具有丰厚的民族文化资产，百越民族历史悠久，花山岩画名扬世界；近代以来，诸如列强入侵边境、太平天国起义、资产阶级革命、百色起义、抗日战争、解放战争、成立广西壮族自治区等种种历史事件也都与广西密切相关，个人命运与时代变迁实际上是不可分离的。这一观念如果融入中学历史教学中，那么处在世界观、人生观、价值观塑造重要时期的高中生自然会油然而生一种历史使命感和社会责任感。

因此，教师要充分利用乡土资源优势，指导学生在课余时间主动探索居住地的历史文化资源，利用一些近在咫尺、耳熟能详的地方风物进行教育。相对艰深晦涩的古文字或者闻所未闻的史料而言，它们更能引发学生的亲切感与求知欲，更利于调动学生参与的积极性，学生也能在无形中形成"历史就在生活当中""历史可以参与进去"的意识，同时，也能在学习中自然而然地生发出对家乡文化的认同感与自豪感，历史教学的现实意义才能得以充分体现。笔者在一次班会课上提到了壮族文化保护与传承的问题，引发了学生的情感共鸣，有学生在课后进一步与笔者就壮族现存民歌资源、对唱风俗和民歌内容与形式的发展等问题展开了讨论，可见，史料教学完全可以采取此类贴近生活、通俗易懂的方式进行。

实际上，已经有许多学校和教师都在利用乡土资源进行教学和校本教材开发。C 高中 H 老师在开展《宋明理学》一课教学时直接引用了校内历史遗址"状元亭"和"连中三元"牌匾来证明理学对培养社会责任感和历史使命感的作用；D 中学 Z 老师在开展《孙中山的三民主义》一课教学时，用 D 中学所在地——D 县桃城镇老城中以三民主义命名的街道作为课堂导入素材。在校本课程开发方面，P 中学已经利用友谊关等当地历史文化资源编制了教材，并取得了一定成果，其经验值得学习借鉴；M 中学近年来也在历史学科校本课程开发上下功夫，开设了一门名为"崇左历史风物拾遗"的选修课，并编制了相关教材。各种开发利用乡土历史资源的教学尝试都反映出乡土历史教学的重要意义和教师开发因地制宜的校本教材的意识。

3. 丰富史料教学手段

当前的史料教学，主要在教室内进行，以材料分析题为最常见的教学形式。但除此之外，形式多样的选修课、校园文化活动以及历史文化遗迹等相关场所都可以是史料教学的载体。在这方面，崇左不少学校已经展开了多样化的教学。

以 M 中学为例，该校开设的历史科目选修课多采取学生自主选择课题进行研究学习的方式，教师完全可以与学生共同探讨研究课题，发现学生的兴趣所在，据此引导学生进行相关课题的史料搜集与研究。而 D 中学每年秋季学期有举办校园历史文化艺术节的传统，其间会举行历史知识竞赛等与历史学科有关的活动，教研组在策划、参与活动时也可以通过游戏的形式进行史学理论和史料研读等的教学。此外，L 中学则会定期组织学生到当地烈士陵园祭扫、参观历史博物馆，并收集相关课程资源，这也是充分利用乡土历史资源现场展开史料教学的典例。

（三）提高学生的阅读理解能力

当然，史料教学的出发点和落脚点都是学生群体。史料教学是否有效具体体现为学生史料研读的能力是否有所提高。针对目前存在的问题，提高史料教学的有效性，首先要提高学生的阅读理解能力。因此，史料教学要立足实际，循序渐进。要基于学生现有理解水平来把握史料难度。如果学生现有的文字理解能力较弱，那么选择简单的现代文史料和简明易懂的图标、图像史料等作为符合学情的教学道具可能更加有效。

其次，加强教师之间的交流合作。不仅仅是加强各年级历史教师之间的交流合作，更重要的是加强语文等各门文科课程教师之间的沟通与理解。充分、全面地了解学生在文科学习中的实际水平，全方位、多角度地提升学生阅读理解的能力、把握时空意义的能力和对比联系的能力，实现真正的"文科综合"。

最后，教师要根据学情制定切实有效的阅读计划并严格检查实践情况。所谓"书读百遍，其义自见"，提高阅读理解能力的基础就是多读，尽可能地反复阅读经典、多读各类文字资料。督促学生加强阅读是必不可少的教学方法。在这一点上，D 中学制定了"三读"制度，即在早读的基础上增加"午读"和"晚读"两个环节，利用课前 35 分钟大声朗读课文或其他学习资料。每周每个时段的阅读科目都有明确而统一的规定，久而久之学生自然会形成一定的阅读习惯。当然，要求学生开口朗读只是第一步，为了避免学生出现囫囵吞枣、不求甚解的"念字"情况，教师可以在学生阅读时提供有效的阅读方法作为指导，并长期关注学生的阅读过程，因材施教、有的放矢，才能切实帮助学生取得进步。

四、结　语

史料教学是历史教学中不可回避的一环，也是切实培养学生历史学科素养的重要方法。它要求教师和学生都发挥主动性，以史料为基础，辨伪存真，深入思考，以增强历史核心素养。针对目前存在的问题，首先需要改善教学所需的硬件设施和客观环境，不断引入优秀师资，为教师个人专业发展提供必要的空间和资源。同时，历史学习需要师生共同改变观念，立足于现有条件和能力水平，切实提高学生的阅读理解能力和史料利用率；在日常教学的形式之外，采用多元的教学手段，树立起"历史源于生活"的基本意识，从身边的历史风物、民族文化入手，在实践中培养学生的史料搜集与研读的能力，在多样化的历史学习过程中培养学生的文化归属感、民族自豪感和为家乡、祖国贡献力量的社会使命感。

参考文献

［1］蒂姆·洛马斯，叶小兵. 论史料教学［J］. 历史教学，1998（2）.

［2］薛纪国. 史料教学与学生历史思维能力的培养［J］. 历史教学，1998（8）.

［3］李伟科. 21世纪高中历史教材中的史料及其在教学中的应用［J］. 历史教学，1999（4）.

［4］仲慧. 在历史教学中运用史料培养学生创造力的策略［J］. 历史教学问题，2003（4）.

［5］何成刚，彭禹，夏辉辉，等. 智慧课堂：史料教学中的方法与策略［M］. 北京：北京师范大学出版社，2010.

［6］虞云国. 历史教学中的价值观、历史观与史料史实［J］. 历史教学问题，2011（2）.

［7］何成刚，张汉林，沈为慧. 史料教学案例设计解析［M］. 北京：北京师范大学出版社，2012.

［8］何成刚. 史料教学的理论与实践［M］. 北京：北京师范大学出版社，2015.

［9］陈波. 史料教学对实现历史教学有效性的实践性认识［J］. 中学历史教学参考，2015（10）.

［10］王福华，秦晓霞. 历史史料教学之史料选用策略［J］. 中学历史教学研究，2016（1）.

中学历史教学中时空观念的实践和培养
——以崇左市 M 中学为例

杨海燕

准确把握时间与空间是理解历史的基础。任何历史事件和人的行动都是在特定的时间空间发生的，必须将它放在它所发生的特定的时空环境下，才能正确地认识历史上的人和事，并能随着时空视角的变化，长时段和多维度地认识历史的本质。

自 2015 年中学历史新课标讨论历史核心素养以来，时空观念是大家一致认可的历史学习核心素养之一。本文以崇左市 M 中学历史教学实践为例，探究民族地区中学历史教学中时空观念的培养途径。

一、中学历史教学时空观念实践现状

前已有述，时空观念是历史学习最基本的素养。在初步分析时空观念的内涵之后，我们以此为标准，对崇左市 M 中学的师生进行访谈，大致了解时空观念培养的落实情况。

1. 时空的概念和种类

历史时间即表达和认识历史所需要的一种时间概念。大致有历史自然时间、历史分期和社会时间等概念。历史自然时间有干支纪年、公元纪年、年号纪年等多种纪年法（各纪年法的计算方法、换算方法也是时间知识的一部分），还有朝代、年代、公元、世纪等历史时间表达方式。

历史分期是为了更好地认识历史而人为划分的时间。比如我们往往将历史分为史前、古代、近代、现代、当代；将中国古代史分为先秦、秦汉、唐宋、明清时期等，每个王朝的历史又可以分为前期、中期、晚期，比如初唐、盛唐、晚唐等；世界近现代史可分为地理大发现时期、文艺复兴时期、资产阶级革命时期、第一次世界大战时期、第二次世界大战时期以及冷战时期等。

社会时间的概念比较复杂。按照马克思的时间观，要从生产劳动出发来理解并叙述物质和时间问题，社会时间是指社会生产方式的发展以及整个社会发展的时间。例如：政治事件的发生和发展的过程，社会形态的演变和发展过程等都是社会时间。"人类社会的发展历史，是社会时间屈从、臣服于自然时间到顺从、同步于自然时间再到溢出和游离于自然时间的发展历史。"① 布罗代尔在他的著作《菲利普二世时代的地中海和地中海世界》中，提出地理时间、社会时间和个体时间这三个概念，后称作长时段、中时段和短时段。这个时段理论把历史时间分为三个层次，某一历史事件、个人的实践活动，如一场战役、一次外交活动、一次政治会议等历史事件的发展都是短时段；人口的消长、物价的变动等社会局势的变动为中时段；地理环境对社会发展的影响、政治制度的演变、文化结构的变化等社会结构的变动为长时段。

历史时间的层次划分往往是综合在一起的，比如 1840 年是一个自然年份，也是历史分期——晚清的开始，更是属于旧民主主义革命时期以及中国近代史的一部分。

地理空间知识对于历史来说非常重要，任何历史事件的发生都有其特定的空间区域，或者说范围。某一个地理空间的特征能对历史事件的发展演变产生非常重要的影响。

历史空间知识主要包含以下三方面的内容。①自然地理：世界自然地理与中国自然地理，主要包括大洲、大洋和著名的山脉、河流、湖泊，以及中国的南北方、三山五岳等。②政区地理：世界各国各地区的划分、中国各政区的划分；中国边疆的历史沿革。③文化空间：传统文化形成和发展所处的自然环境和人文环境的综合体，例如，江南、岭南、西域等。

时间和空间是结合在一起的。比如 1937 年 7 月 7 日，本来是一个普通的时间，然而因为"七七卢沟桥事变"这一轰动中外的事件发生，这个日期便具有了独特的历史意义。同样的，卢沟桥作为这一事件发生的空间，而被赋予了特别的意义。提到卢沟桥便能联想到这一历史事件，卢沟桥本身的历史也与这次事件紧紧联系在了一起。这种"时间"和"空间"意义的变化，正是人们对这一历史事件理解和解释的结果。

2. 部分一线教师对时空观念的认识

崇左地区一线教师对于历史教学中遇到的时空问题各有各的看法。笔者就此类问题对部分历史教师进行了访谈，其结果颇具代表性。在被问及对于历史

---

① 胡敏中. 论马克思主义的自然时间观和社会时间观 [J]. 马克思主义研究，2006（2）.

教学领域的新鲜理念——学科素养培养时，L 老师表示："学科素养是知道一点的，这几年很'流行'的理念，现在都在提倡培养学生的历史素养。至于学科素养的内容方面，我们了解到主要有唯物史观、时空观念、史料实证、历史解释和家国情怀这几个。"而对于学科素养更详尽的理解，如对于时空观念的理解，L 老师表示："具体对这一概念，专家们是怎么定义的，我知道的也不是很准确，不过在历史中说到时空，应该就是强调历史时间和空间的重要性了。说到培养呢，平时在课堂教学中我们也会强调时间的重要性，要求学生对重要的时间点进行记忆和背诵。"可见民族地区的一线教学中，教师对于时空观念这一概念没有深入的理解，但是三维目标中也有关于时空方面的目标要求，教师们对于历史教学中时间和空间的重要性是非常清楚的。而我们访谈的另一位 W 老师也表示，"现在主要还是新课标实施之后接触到的一些理论，其实感觉所谓时空观念也还是在反复强调之前就提过的内容，我们在历史教学中，一直都在强调时间，强调时序的重要性。我觉得这些新理念虽然提出了一些新的概念，像唯物史观、时空观念、史料实证、历史解释和家国情怀这几个要素，但实际上还是之前的内容""大部分关于时间和空间的知识点都非常细碎，需要学生去归纳和背诵，比如唐朝建立是哪一年？安史之乱是什么时候发生等，这些都需要学生去记忆，老师上课当然也会重点讲解历史事件发生的时代背景及内容等，确切的时间点还是得靠背的"。教师们对于掌握历史时空这一教学中的重大任务表示很无奈和苦恼。从中也看出部分一线教师对于时空观念的认识并不完善，有些只是知道一些新颖的概念，有些认为虽然提出了这样的新概念，但是和之前的教学也没有什么不同。

3. 学生对时空观念的认识

笔者曾通过与教师的访谈了解到高中生关于时空问题学习的整体情况，"学生对于不同朝代、不同时间、不同国别的人物总是分辨不清，这些知识点太过庞杂，学生不能很好地梳理并进行记忆""关于时空方面的一些问题也是比较困难的，老师难讲、学生难记，大部分的学生时序、空间概念都比较混乱，很容易搞错。"教师们表示，历史时序的问题是学生学习历史所遇到的一大难题，也是考试中失分比较多的一个方面。比如 2015 年高考全国一卷第 34 题选择题，考的是 20 世纪 20 年代末苏联经济发展的特点，很多学生反映答错了这道题。其原因就在于记不住这个历史时期的苏联（空间）发生了什么事情，说到底还是时空内容记不住。

在与学生的交流中笔者发现，学生都知道历史时空的重要性，但是大部分学生表示历史学习中关于历史时空方面的问题最难，每个历史知识点几乎都要记忆时间。这些知识点细碎庞杂，使学生十分困扰。虽然初中就学习过通史，但大部分学生并不能整体把握历史时空线索，当前我国高中所使用的历史教材是专题史的编排，在教材中对历史知识进行了专题归类，打乱了原有的时空顺序，这对于学生理解历史时空也有很大的影响。笔者在实习期间多次被学生问道："老师，为什么《伟大的抗日战争》学完之后才学《太平天国运动》？"诸如此类的问题，可见学生对于教材中历史时空的困惑。①

学生对于历史时空问题的困惑，直接反映出目前民族地区高中历史教学中对于学生素质培养的现状并不理想。如何有效提升教师关于时空问题的教学效果，在教学中培养学生的时空观念，是当前民族地区历史课程教学所面临的一大挑战。以下从具体课例来略做分析。

二、关于落实时空观念的课例对比分析

（一）时空观念培养缺失的若干案例

目前多数中学历史教学设计主要在三维目标的指导下进行，不少教师未能将三个维度的目标要求融会贯通，没有将学生历史思维和学习能力的培养贯穿其中。而在制定教学目标的过程中，有意识地融入历史学科核心素养培养，是在教学设计中落实核心素养的首要要求。比如以下案例：

案例一　某老师对《辛亥革命》这一课的教学目标定位如下：

知识与能力：了解和掌握同盟会的建立，武昌起义以及中华民国成立的基础知识；知道《中华民国临时约法》的主要内容；正确认识辛亥革命的历史意义。

过程与方法：通过对材料的分析，使学生对于辛亥革命爆发的原因、经过及结果有一个认识，培养学生阅读材料的能力；小组合作探究，使学生正确评价辛亥革命的成与败，培养学生思考问题和解决问题的能力。

情感态度与价值观：通过本课的学习，感悟革命先辈为中华民族的觉醒而不惜牺牲的伟大爱国精神，培养学生的爱国情怀；体会近代中国历史发展的曲折历程，认识辛亥革命是一次伟大的反帝反封建的资产阶级民主革命，其推动了中国近代史的发展。

这个教学目标是以传统的三维目标为指导的，在教学目标的设定中对于知识、能力和态度三个层面的要求均有体现。辛亥革命的基本史实、学习方法的

---

① 　自使用部编版教材《中外历史纲要》之后，这个问题基本解决。

培养、情感态度价值观的教育，是典型的三维目标。只是在这个目标设定中，知识被分点分层碎片化了。同盟会的建立、武昌起义的爆发等基本史实的确需要了解和掌握，只是同盟会是在怎样的时空环境下成立的，武昌起义的背景条件是什么，为什么武昌这个地方会爆发这样一场起义且建立了之后的中华民国，这些问题都没有深入探讨。辛亥革命前中国社会处在什么样的环境下，辛亥革命后中国社会发生了怎样的变化，只有将辛亥革命这一历史事件放进当时大的时空环境下，才能正确理解其历史本质及历史意义，只有认识了大的时代背景才能理解当时的革命先辈为救亡图存做出了怎样的牺牲和奉献。若非如此，在现在和平安逸的环境中成长的孩子很难理解当时中国的形势，那么对于历史事件的理解也会存有困惑或浮于表面。

案例二　人民版高中历史必修一《新中国初期的外交》

在讲到中华人民共和国成立初期独立自主的外交政策时，某老师让学生根据课文自主学习新中国外交的基本方针及内容，在对"另起炉灶""一边倒""打扫干净屋子再请客"进行解释时展示了几则材料，让学生讨论、总结并提问，得到满意的答案后便进行下一个内容的讲解。

中华人民共和国成立初期，国内外形势十分复杂，当时的外交方针与当时我们国家所面临的世界形势息息相关，教师在对其进行讲解时必须首先让学生了解当时的时代背景，否则学生对于在"独立自主"的外交原则下提出"一边倒"是否自相矛盾这些问题难以正确地理解，当时以美国为首的西方资本主义国家对中国进行外交封锁，中国在独立自主和平外交的基础上必须保障国家的独立和主权，在美苏冷战的情势下艰难地维护着国家的利益。只有把当时的中国放到国际大环境中去，才能理解新中国外交政策的真正内涵。这位教师在教学中显然忽略了引导学生以这样的时空观去理解历史；而是直击考点，点出做题时能用到的知识点后便不再多做解释，学生学得一知半解，只知其然而不知其所以然，只能靠课后背诵来记忆这些知识。课堂上所谓"自主学习"和"探究学习"均只是迎合新课改的理念而进行的新颖的教学形式，并不能起到实际作用。

（二）基于时空观念培养的教学课例分析

历史学科的一个最突出的特征便是时序性强，任何一个事件，我们在认识它时必须了解的是：何时？何地？为何发生？是何过程？有何影响？可见时空的重要性。在学习历史的过程中，具备历史时间思维能力就显得非常重要，如果不能正确认识时空，那么学生就容易把历史事件看成一堆杂乱无章的琐碎事件，难以形成正确的认识。从古至今各个朝代、各个历史时期都有各自不同的特征，如果没有时空观念，学生便不能认识其中的相互联系以及因果关系。

在部编版《中外历史纲要》教材使用之前的一个阶段，我国的高中历史教材采用专题史的方式编写，这样有利于学生对于某一历史现象的发生、发展及演变的掌握，例如，学生在学完必修一第一单元后对于中国古代政治制度的发展演变规律有一个比较清晰的认识，也便于学生梳理古代政治的发展脉络。但是，这样的课程编排的基础是学生对于整个历史的时间脉络已有整体的理解，也就是说对于通史有了一定的掌握。在实践中，专题史的编排暴露了一系列的问题：首先，学生对于通史的掌握并不牢固，也就是说学生对于历史时空的认识基础比较薄弱，教材的编排对于学生掌握时序有一定的误导，学生往往不容易分清历史事件的先后顺序；其次，对同一历史现象不同时期的发展进行高度概括使学生产生了许多困惑，加大了学生理解史实的难度，例如，《中国古代政治制度》这一专题，四节课的内容高度概括了整个中国从夏至清近四千年的政治制度演变情况，从奴隶制度到封建制度，中央集权到地方权力模式变化，这些内容十分庞杂，时间跨度极大，学生一时难以了解各个时期的社会背景，进而难以对政治制度形成完整的认知。再次，同一历史现象的集中学习，并不利于学生多角度地看待问题，学生在学习过程中会被同种思维模式"定型"。例如：在学习《近代中国的民主革命》这一专题时，对于《太平天国运动》《辛亥革命》《新民主主义革命》三课的学习，在分析其历史意义时，学生不用思考，张口就能说出"为近代中国的革命做出贡献""推动了中国近代化的发展""是先进的中国人探索救国道路的努力"等宏观答案。这对于学生思维能力的培养是十分不利的，而且这样"固定模式"的课堂内容也无法调动学生的学习兴趣。

学生对于历史的混乱感，大多源于理解时空时产生混乱，不能正确地把历史事件放在其特定的历史时空中理解。因而，在中学历史教学中，对于学生时空观念的培养非常重要。下面以若干教学案例（多数是崇左 M 中学的教学案例）或者设计片段为例，对时空观培养的实践进行分析。

1. 以历史时序为核心的课例分析

案例一　以时间轴线为主来设计《辛亥革命》一课

辛亥之前的抗争：了解辛亥革命的背景和孙中山等革命党人的主要革命活动；

辛亥之年的爆发：叙述武昌起义和中华民国建立的情况；

辛亥之后的欢悲：叙述终结帝制、颁布《临时约法》、袁世凯篡夺胜利果实等过程，比较民国成立前后中国政治制度、国际关系、社会风气以及人民生活的情况，深刻感悟辛亥革命发生前后中国各方面的变与不变，探究辛亥革命的历史意义。

这一教学目标的设定与上文中以三维目标为指导的《辛亥革命》的教学目标设定有许多差异。我们可以看出，这一教学目标中融杂着对学生时空观念的培养目标。"了解孙中山的主要革命活动、武昌起义和中华民国建立的情况"是对历史事件的时间空间的掌握，对于辛亥革命发生的时间、地点及发展过程的认识，即把辛亥革命这一历史事件放在其独特的时代背景中理解其因果。比较辛亥革命前后中国社会的变化，首先能培养学生比较学习的方法；其次，把历史事件前后的变化比较放在当时纷杂的时代背景中思考，学生更能深刻理解其历史意义，从而感悟革命先辈所面临的社会现实，以及革命志士为了中国的未来所做出的奉献和牺牲，培养学生的家国情怀。

案例二　以重要历史人物生平为时间线索来设计人民版必修一《政治建设的曲折历程及其历史性转折》一课的第一目《民主政治建设的重大挫折》

该设计以邓小平的"三起三落"及大事记为线索，探究中华人民共和国民主政治的曲折发展。

第一次"落与起"：展示材料"1933年被党内'左'倾领导人撤职下放，同年6月，被调到中革军委总政治部担任秘书长。抗战时期和解放战争时期历任一二九师政委、中共中央中原局书记、第二野战军政委等职，中华人民共和国成立后邓小平出任中共中央西南局第一书记。1954年任国务院副总理、中共中央秘书长、国防委员会副主席"。

问：邓小平这一时期的经历反映了中国革命怎样的历程？

第二次"落与起"：展示材料"1966年被下放到拖拉机厂改造，直到1973年恢复副总理职务"。

问：为什么一国副总理、副主席会被下放到拖拉机厂劳动改造呢，当时的中国政治形势是怎样的呢？我们一起来探究。

第三次"落与起"：展示材料"1976年被撤销一切职务，保留党籍，1977年恢复邓小平的党政军领导职务"。

问：1976年国内局势发生了怎样的变动？1977年邓小平恢复职务后又有哪些作为呢？我们可以从中得出怎样的教训？

这一案例以邓小平这位大家所熟知的历史人物的重要经历为时间线索，将教学内容串联起来，通过人物经历引出当时中国的政治局势。1933年红军粉碎了国民党军队的第四次"围剿"，国民党又蓄谋发动第五次"围剿"，邓小平因支持毛泽东的主张，受到"左"倾领导人的打击，被撤职；邓小平在抗战时期和解放战争时期都是党和军队的重要领导人，为党和人民做出了巨大贡献；1966 年，"文化大革命"开始了，邓小平被下放，至 1973 年复职，到 1976 年又被撤职，至 1977 年复出。通过展示邓小平被下放的经历，使学生了解当时中国政治和社会秩序的混乱，从而认识"文化大革命"的危害——它是我国民主政治建设历程中的一次重大挫折。从邓小平"三次被打倒"也能看出"左"的错误对中国革命和建设的危害。从第三次"落与起"可以看到党中央粉碎"四人帮"之后，十一届三中全会上，邓小平指导下的思想路线、组织路线、政治路线的拨乱反正，以及改革开放的伟大决策。以重要人物的生平为线索，容易激发学生学习的积极性，把历史事件与人物联系起来，不同时期人物的经历与这一时期的时代背景息息相关，这对于学生理解历史时序也十分有利。重要人物的经历也可以帮助学生认识历史事件的本质。

培养学生的历史时序思维能力是历史教学的一大任务，尤其是在高中历史推行专题式教材的环境下，帮助学生树立正确的时空观，能使其正确理解历史时序，把历史事件与历史时间对应起来；把握历史的时间线索，用这条时间线把一个个专题中的知识点串联起来，认识历史发展脉络。

2. 以历史地理为核心的课例分析

在具体空间中认识时间，以及在历史时期了解历史地理，进而理解历史事件和历史发展过程，这是时空观念培养的另一个重要任务。

案例一 以空间变化线索来设计人教版必修一第 15 课《国共对峙的十年》第 3 目《红军长征》

在江西苏区：长征的原因。

介绍红军第五次反"围剿"失利的过程，阅读课本有关内容，引导学生探究中国工农红军为什么要长征？结合材料，明确王明"左"倾错误的危害。

在贵州遵义：革命的转折。

引导学生观看长征小视频以及阅读《中国工农红军长征路线示意图》，了解长征初期红军所面临的严峻形势（补充材料：当时红军的生存现状和军事、组织没有根本扭转的情况），从而容易理解遵义会议要解决的问题、召开的重要性和必要性。指导学生阅读教材相关内容，结合会议背景、内容和结果，思考"遵义会议为什么会成为我党历史上一个生死攸关的转折点"？为什么说遵义会议是中国共产党从幼稚走向成熟的标志？

在陕北吴起和甘肃会宁：长征的胜利。

观察长征路线图（见图 1），让学生沿着当年红军的足迹勾画出长征途中一系列重大事件。认识长征胜利的意义，领悟长征精神。

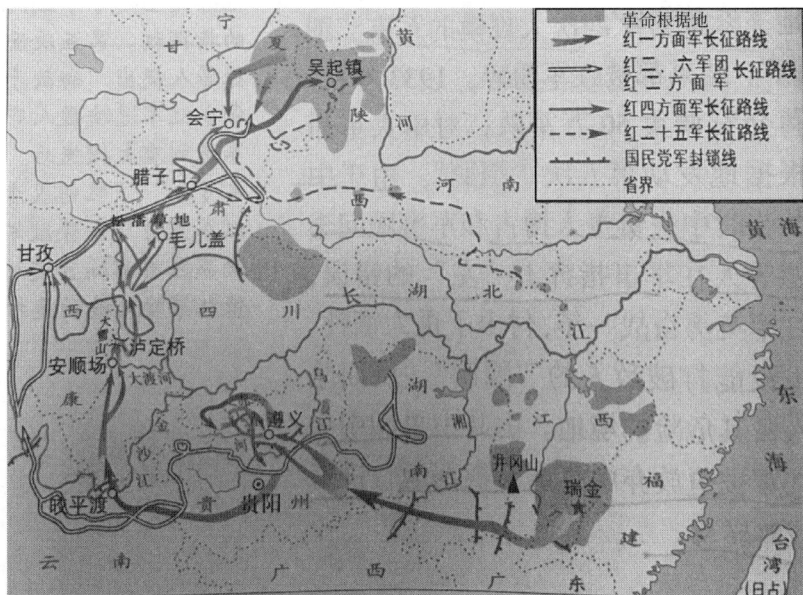

图1　红军长征路线图

在国内国际：长征的意义。（补充材料：各个时期国内外学者对长征的评价）

这一案例大量使用了历史地图来教学，红军长征是在当时严峻的革命形势下被迫进行的战略转移，长征无疑是一条极其艰苦的道路，那么当时是在怎样的时代背景下选择这条道路的？学生必须理解当时的时空环境，掌握长征开始的原因，了解当时领导者的错误致使红军面临极端危急的情形。长征的过程，使用路线图来讲解，使红军长征沿途经过的险恶地理环境以及国民党雪上加霜的围追堵截一目了然；再加上小视频中详尽的解说，泸定桥、雪山、草地等艰险直观展示，这对于学生理解当时的形势、长征的艰辛以及长征的价值都有很大作用。有了对历史时空的详细了解，学生对于长征精神的体会会更加深刻，长征精神的教育价值得到体现；学生对红军当时所处的危急关头，遵义会议的必要性与重大意义以及长征的重大意义也更能体悟。将历史事件放在时空大环境中，引导学生培养这样的时空思维，对于历史教学的有效性和历史教学的价值取向有重要意义。

在历史教学中，恰当地运用历史地图，对历史事件进行更直观的呈现，既有利于学生对历史事件的理解和把握，也有利于学生对历史空间的理解，懂得把历史事件与其特定的地理条件联系起来，深入了解历史事件的内容和本质。

案例二 高中历史人民版必修一《走向"大一统"的秦汉政治》部分教案①

"四海一"

【引导提问】请大家归纳秦始皇开拓疆域的措施。

【学生看书，归纳回答】

（1）北方：打击匈奴，夺回河套地区；修筑"直道"；筑长城。

（2）南方：南征百越，统一岭南地区。

（3）西南：将"西南夷"纳入版图。

对于这一段历史的讲解，初、高中的历史教学有很大不同，初中的教学更注重让学生观察认识秦朝的疆域，培养学生历史地理认知，了解秦统一的基本史实。高中的教学则更多偏向感性及抽象认知，对于历史时空的理解也需要更深入，秦始皇南征百越，统一岭南，学生对"岭南"以及"西南夷"这些空间地理的概念也应有一个基本的认知。

秦始皇统一六国后，开始"三征岭南"。在对这一节课进行讲解时，教师首先要对岭南这一历史空间有一个认识。一般认为，岭南主要包括今广西、广东、海南以及湖南南部、江西南部等地。这是岭南的地理范畴。岭南既是一个自然空间范围，也是文化空间范围，从文化的角度来看，以广东、广西、海南为主体，广府文化与广西文化、海南文化相融合，中原文化与这一地区的本土文化，以及海上丝绸之路引进的海外文化相互渗透，发展成了独具特色的岭南文化。随着文化的不断发展，岭南成了一个文化空间范畴。秦始皇在岭南设岭南三郡，加强了对岭南地区的管理，极大增强了岭南人民与中原的交流。崇左地处岭南，百越文化遗存非常丰富，利用本土历史地理资源，能引起学生的学习兴趣，也有利于学生形成准确的时空概念。

3. 时空交叉融合的案例分析

案例一 夏辉辉《张居正改革》的教学设计思路②

→张居正其人（外貌性格、任职经历、死后待遇）。

→张居正其事（从"新、难、功"三个角度分析改革内容）。

→张居正其时（从三个不同维度看张居正改革的价值和意义，如图2所示）。

---

① 沈奕忻.《走向"大一统"的秦汉政治》教案，历史学科网，http://www.zxxk.com/soft/7858727.htm。

② 转引自：杜芳，刘汝明. 中学历史教学设计与案例分析［M］. 北京：科学出版社，2013，177.

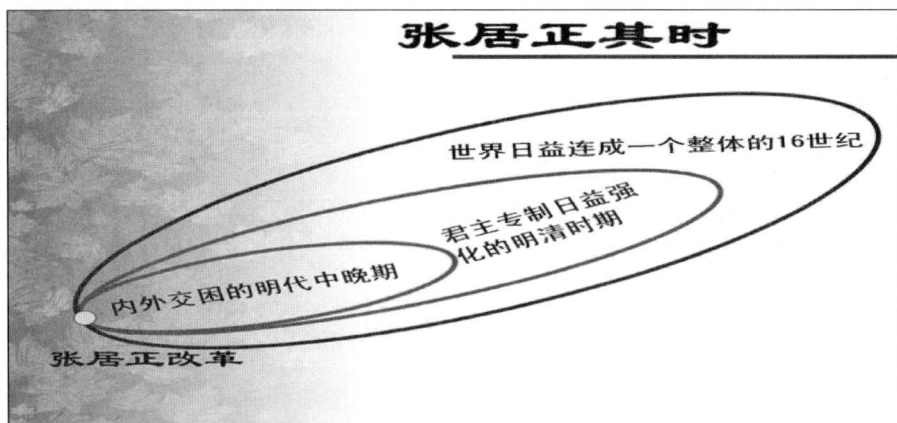

图2　张居正改革的历史背景

　　本节课的设计，并不是为了专门探讨时空观念的问题，但它告诉我们，评价和理解历史人物和历史事件，必须放到一定的时空当中。本设计最精彩之处便是将张居正改革这一历史事件所处的时空划分为三个维度：明代中晚期的中国、明清时期的中国、16世纪的世界。

　　明代中晚期的中国，土地兼并严重，政府财政危机不断加剧，政治上党争日益激烈，边备未修，吏治腐败，明王朝的统治面临种种危机。张居正在经济上，整顿赋税制度，实行"一条鞭法"，扭转政府的财政危机，这在当时是一次创新之举，也是张居正改革的重要内容，"一条鞭法"在我国赋税史上添上了重要一笔，推动了明朝商品经济的发展，对于资本主义的萌芽也具有促进作用；在政治上整顿吏治，加强中央集权，并创制"考成法"，加强对各级官吏的管理，在当时基本上实现了"法之必行""言之必效"；军事上，在北方修筑长城，与鞑靼进行互市贸易的和平政策，在南方修整兵船，严申海禁，不断加固边防，在当时取得了明显成效。这些措施在当时吏治腐败、党争激烈的情况下触犯了既得利益集团，遭到了各方势力的反对，张居正坚持改革，罢免守旧顽固官员，选拔新生力量，为改革做准备。张居正这一系列改革巩固了明朝统治，加强了中央集权，明朝的社会经济也得到了恢复和发展，使当时日趋腐化的明朝统治有了转机和活力。

　　明清时期的中国，封建君主专制的中央集权不断加强和完善，皇权膨胀，封建制度逐渐走向衰落；自给自足的小农经济仍是主体，但江南地区出现了资本主义萌芽；"陆王心学"得到传播；出现了批判儒家经典、反对封建礼教的思想，其带有个性解放色彩。张居正的改革加强了封建专制统治，改革中的一些措施或多或少地被保留下来，"一条鞭法"对后世的影响也十分广泛，清雍正时期推行的"摊丁入亩"便是这一措施的发展延续，但张居正改革，维护了专制集权，一定程度上阻碍了追求个性解放思潮的发展。

16 世纪的世界，西方资本主义经济不断发展，封建制度逐渐瓦解，资产阶级革命在各国逐渐兴起，强大起来的国家不断进行海外殖民扩张，思想解放、人文主义也成为当时主要的思想潮流，自然科学迅速发展起来，为思想文化的发展及科技的进步奠定了科学基础。而此时的中国，封建专制中央集权不断加强，小农经济处于主体地位，与西方的殖民扩张不同，中国实行"海禁"和"闭关锁国"政策，切断了中国与世界的联系，强调宋明理学的主体地位，八股取士，进行文化专制，极大地打击了中国个性解放的思想潮流的发展。可见当时，与西方资本主义的不断发展相比，中国的社会仍然禁锢在封建体制之下，阻碍了中国的发展。张居正改革虽然挽救了明朝统治的危机，然而也只是"救得了一时，救不了一世"，张居正不断挽救的这个政治体制其实正逐渐走向衰落。

从一个历史事件发生发展的短时段扩展到中时段、长时段，从当时的中国，扩展到当时的世界，从微观到宏观，深刻理解张居正改革的历史意义。在这个设计中，教师把历史事件放到其所处的时空环境中分析研究，并通过三个时空维度的划分，引导学生从不同的时空视角思考问题。

案例二　自主探究活动课《中国古代文明与古希腊文明的比较》

在学习完前两个单元的内容后，教师给学生布置了这样一个课堂作业：要求学生根据所学内容，对古代中国的文化和古希腊文化进行对比，列举中西方文明之间的区别，理解造成这种区别的原因。

这个探究是对历史时空横向比较的测验，要求学生能够交叉运用时间（包括历史人文条件）和空间（包括地理条件）两个维度进行理解和分析。当然，这样的比较要求学生对于两种文明的时空特征的理解程度较高。

以下是大家熟悉的教材中关于古希腊的描述：

古希腊位于地中海东部的巴尔干半岛，东临爱琴海，海岛众多，星罗棋布。在这样的地理环境下孕育出的古希腊文明是小国寡民和独立自主的城邦文明，城邦狭小，公民在政治上追求民主；由于希腊没有肥沃的大河流域和广阔平原，农业的发展比较困难，而航海和海外贸易条件得天独厚，决定了古希腊的商品经济比较发达。

图 3　古代希腊

地理环境方面，古代中国文明发源于黄河流域，古代中国处于河流冲击的河谷和平原地区，周围秦岭等群山环绕，是一个相对封闭的环境；而古希腊文明发源于希腊半岛，爱琴海环绕，陆地破碎零星，海上交通十分便利，是一种开放式的地理环境。政治方面，古代中国的历史发展趋势是走向统一的，所谓"天下大势，分久必合"，中央集权不断加强；而古希腊城邦体制，破碎的地理环境使得城邦狭小，公民易于参政，形成古代希腊的民主政治。经济方面，古代中国的经济以农业为主、畜牧业等为辅，农作物多为粮食作物，农业的发展也越来越趋向精耕细作；而古希腊的经济以商业贸易为主，其生产的橄榄或葡萄这类经济作物也便于输出进行贸易，等等。对于中西两种文明的比较，首先必须关注其文明的发源空间，而地理环境的不同是重要因素；其次需对文明的发展历程进行长时段的观察与比较，才能了解中西文明的起源、发展的差异。只有在一定时空中开展比较才能深刻认识历史上文明多元化的格局。可见历史时间和空间是研究历史的第一要素。

古文明的发生发展与其所处的地理环境息息相关，地理环境对于古文明的政治、经济、思想文化、外交、军事等各方面都具有巨大影响。古希腊文明与在大河流域兴起的古代中国文明存在明显差异，造成差异的主要原因便是两者所处的空间地理环境和所继承的传统不同。通过对基本处于同一自然时间的不同空间进行对比来了解不同文明的形态以及形成过程，能给人比较直观的认识。推而广之，要想了解相同空间不同时代的同一类现象的对比，也要注意时空问题。

三、中学历史教学中的时空观念培养策略

在了解不同的时空观念实践课例和教学设计之后，我们对基于学科特征、课程标准和一定学情的实践有了一定认识。在此基础上进一步提出若干具体的策略。

（一）历史时间观念的培养

笔者结合自己的学习和教学经验，提出以下 5 个方面的建议。

1. 要重视"大事记年表"的作用

历史教师在教学中应善于运用"大事记年表"。在进行教学设计时，重视对历史时间线索的整理，教学过程中也应引导学生学会依据教材与其他历史资料整合"大事记"。例如引导学生进行重要人物大事记、重要组织大事记、专题性大事记、断代大事记、年度大事记等的整合。

例如：重要人物大事记（见表 1）。

表 1　孙中山生平大事记

1866 年	出生
1892 年	毕业于香港西医书院
1894 年	组织"兴中会"
1895 年	广州起义
1896—1904 年	游历各国，接受民主思想，筹划革命
1905 年	创建同盟会，提出同盟会纲领，后发展为三民主义
1906—1911 年	组织多次起义
1911 年	黄花岗起义
1912 年 1 月 1 日	南京就职中华民国临时大总统
1912 年 2 月 14 日	辞去临时大总统
1912 年 3 月	颁布《中华民国临时约法》

（续上表）

1912 年 8 月	改组同盟会为国民党
1913 年 7 月	二次革命
1917 年 7 月	联合西南军阀，建立广州军政府
1918—1920 年	撰写《建国方略》
1920 年	护法运动
1921 年 5 月	在广州就任非常国会推举的非常大总统，组织北伐
1924 年 1 月	在广州召开了中国国民党第一次全国代表大会，新三民主义提出
1924 年 1 月	中国国民党第一次全国代表大会在广州召开，确立三大政策
1924 年 5 月	创立黄埔军校
1925 年 3 月 11 日	孙中山在"总理遗嘱"上签字
1925 年 3 月 12 日	病逝

2. 梳理隐藏的时间，突破专题教学时间观念的瓶颈

在统编本《中外历史纲要》之前的高中历史教学所使用的是按专题分模块的教材，这样的编排虽然有利于学生对某一历史现象的理解，但是专题时间跨度较大，不利于学生对于历史时间的梳理。这时候，历史教师在教学过程中便应有意识地帮助学生梳理专题的主要内容，进而了解历史发展的基本脉络，即教师可以将政治、经济、文化、军事、外交等各个专题的内容分别概括总结，使学生对于这一方面的历史有一个清晰的认识。

例如：在中国近代经济史专题的学习之后，教师可要求学生简单地编制出中国近代经济发展的基本脉络表（见表2）。

表2　中国近代经济发展

1840 年后	自然经济逐渐解体
19 世纪 60—90 年代	洋务运动；民族资本主义产生
19 世纪末	民族资本主义初步发展
1912—1919 年	民族工业迅速发展（短暂的春天）
1919—1927 年	迅速萧条
1927—1936 年	民族工业较快发展
1937—1945 年	空前打击
1946—1949 年	陷入绝境

3. 重视通史学习，掌握历史发展的基本脉络

第一，善于梳理重要的历史事件、历史现象、历史人物等的发展过程。例如：太平天国运动的发展过程（见表3）。

表3　太平天国运动的发展过程

1851 年 1 月	金田起义
1851 年 9 月	永安建制
1852 年 4 月	突围北上
1853 年 3 月	定都天京
1853 年	《天朝田亩制度》
1856 年 8 月	天京变乱
1859 年	《资政新篇》
1864 年	天京陷落

第二，注意在每个单元、每个历史时期之后梳理时间线。例如：《现代中国的对外关系》学习完成后，引导学生编制中华人民共和国成立之后我国的对外关系发展脉络（见表4）。

表4　中华人民共和国对外关系发展脉络（截至2001 年）

1949 年 10 月	独立自主的和平外交政策
1949 年 10 月	中苏建交
1950 年 2 月	《中苏友好同盟互助条约》
1953 年	"和平共处五项原则"
1954 年	日内瓦会议
1955 年 4 月	万隆会议
1971 年 3 月	"乒乓外交"
1971 年 7 月	基辛格访华
1971 年 10 月	恢复联合国合法席位
1972 年 2 月	尼克松访华
1972 年 9 月	田中角荣访华
1979 年 1 月	中美建交

（续上表）

1984 年	不结盟政策
1985 年 3 月	和平与发展
1993 年 11 月	亚太经合组织领导人非正式会议
2001 年 6 月	上海合作组织

4. 采用不同视角分析和把握历史事件

引导学生从"因果关系""继承发展""变迁"等不同的视角来看待问题，把握历史时间与历史现象、历史事件之间的内在联系。

例如：中国传统儒家思想在不同历史时期的传承与发展（见表 5）。

表 5　中国传统儒家思想的传承与发展

春秋晚期	孔子："仁""礼"的思想
战国时期	孟子主张"仁政""性善论"；荀子提出"君舟民水""性恶论"
汉武帝时期	董仲舒："罢黜百家，独尊儒术""君权神授""三纲五常"
隋唐时期	"三教合一"
宋朝	程朱理学，"格物致知"
明朝	陆王心学，"致良知""知行合一"
明清之际	李贽、黄宗羲、顾炎武

5. 引导学生从理解自然时间转化到理解历史时间

历史时间往往是研究者根据某一历史特征而创造出来的时间划分方式。例如：封建社会、电气时代、旧民主主义革命时期等。以封建社会这一概念为例，对于封建社会的界定，不同的学者有不同的理解，有认为西周时期我国已经进入封建社会的，也有认为秦朝时期进入封建社会的，还有认为魏晋时期才进入封建社会的。可见，封建社会这一长时段的时间概念，并不是自然时间，而是社会时间，是史学研究者赋予某一自然时间段的意义，也是依据这一时间段内的历史发展特征进行界定的。在历史教学中，教师要引导学生理解这种特殊的时间分期，进而认识这一阶段历史事物的发生和发展。同样的，对于电气时代、旧民主主义革命时期、新民主主义革命时期等社会时间概念也应引导学生去理解和认识。其中最重要的是引导学生理解这些历史分期及其起止时间、划分依据等，当然也要了解分期的变化。比如中国近代史，其起止时间曾经被界定为

1840 年鸦片战争爆发至 1919 年五四运动前夕，后来扩展到 1949 年中华人民共和国成立，等等。

各种不同历史时间的表述往往是相通的，要做到勾连记忆，比如谈到"罢黜百家，独尊儒术"就知道是在汉武帝时期，谈到汉武帝时期儒家思想的变化，就要知道是"独尊儒术"的开始，等等。

（二）历史空间观念的培养

中学历史教学中应注重历史学科与地理学科的联系。各学科之间存在着密不可分的联系，历史现象、历史事件的发生和发展必然都是存在于具体的空间地理环境中的，而空间地理要素对于历史现象、历史事件的发生与发展也具有一定的因果推动和影响。

教师在教学过程中应充分利用历史与地理之间的联系，首先要引导学生注意历史地理的概念，比如"丝绸之路""关内""关外""江左""岭南"等地理概念，在历史上是有不同范围的伸缩指称的；同一地区在不同历史时期也可以有不一样的名称，比如今天的南京，三国时期称建邺，南北朝时称建康，明初时称应天府，后又称江宁府。对历史地理的认识也促进了学生对于历史事件的理解。

其次要充分运用历史地图，教会学生怎样识别及分析历史地图，通过对地图的分析来了解历史事件的发展。历史是在一定的地理环境下发生的，要对其进行理解和分析必须首先了解其所处的地理环境和空间，分析地图便是最直观的方法。例如对于历史上重要战役的学习，分析交战双方所处的地理位置、行军路线、各重要战点等信息，若不利用地图来说明，学生对于战争发展形势缺乏具体而直观的认知，那么对于历史事件的理解将非常困难。

比如 M 中学 P 老师讲授人民版高中必修一《中国军民维护国家主权的斗争》一课时，非常注重运用地图。

在学习黄海海战这一小节时，P 老师先让学生以同桌为学习单位，结合课文及甲午中日战争形势图对这场战役的主要内容进行梳理和总结。在讲解过程中，P 老师还展示了更为详细的黄海海战的形势图（图 4）以及中日交战时北洋舰队队形示意图（图 5）。

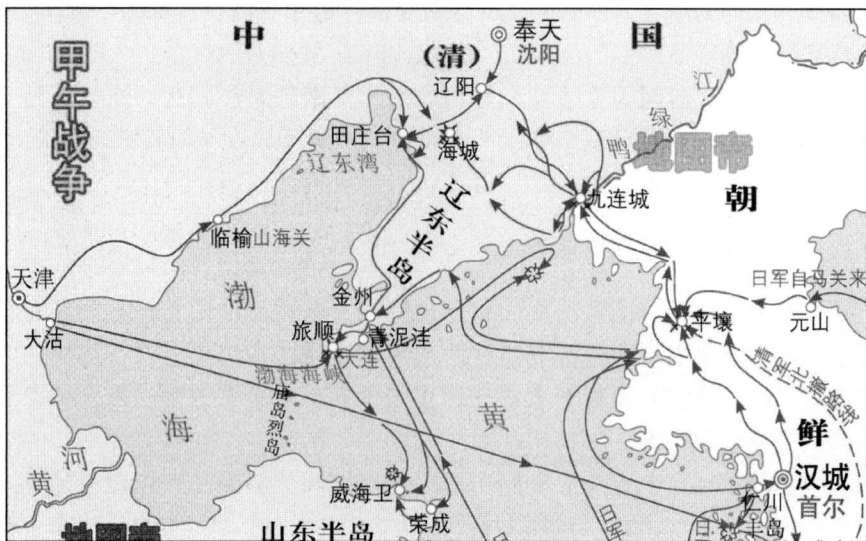

图4　黄海海战形势图

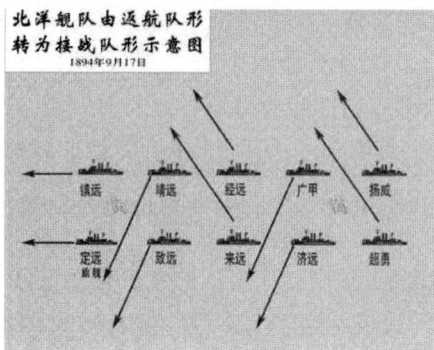

图5　中日交战时北洋舰队队形示意图

　　这一案例中教师充分运用地图进行讲解，结合课文以及补充的资料，黄海海战的场景如在眼前一般，海战的空间、中日军事力量的差异、中国军士对于战争的态度等，学生都能轻松理解。在明白了当时的战况及战争的具体形势后，学生对于中国在战争中失败的原因就有了一定的思考。而清政府对战争的态度，以及当时中国的综合国力，也能引起学生对于国家、对于价值观的思考。

　　再次，除自然地理空间外，历史学科中还存在文化地理空间的概念，即某种文化现象在自然地理环境中形成、分布和发展及其与地理环境的相互影响。例如，"江南""岭南""西域""关东""关西"等文化地理空间概念。以"江南"为例，"江南"是一个耳熟能详的地理词语，那么江南到底在哪里，就值得探究。有学者认为，在今天而言，"江南应该界定为北起长江，南到南岭，东至大海，西及两湖的区域"①。这样的界定也是依据这一地区经济、政治、文化、历史等各方面的发展特征来确定的，实际上"江南"的概念在历史上是有几次变化的，先秦至隋、唐时期，南宋至明清，都有地理上的伸缩和文化概念的变化。历史教学中，教师应就这些文化空间进行探究，引导学生理解这些较抽象的文化空间概念。

唯物史观认为，地理条件和环境对人类历史的发展具有非常重大的影响，并且这种影响是经常性的。历史现象和历史事件是发生在一定的地理环境中的。历史上的国家、民族的疆域或地理环境的变迁，同一地理区域的名称的变化，历史事件发生的地点，军事行动的路线以及战争的地理环境、地形等，都是历史的空间观念。秦朝建立后，秦始皇北击匈奴、南平百越，秦朝的疆域迅速扩张，北至阴山、南达岭南，这样的疆域变化以及变化的原因、过程等都是历史研究的内容，是研究历史空间问题时不可忽视的。

在学习过程中学生要认识历史事件的发展演变及其与地理因素的联系。以日军发动侵华战争为例，了解历史事件的长时段发展动态及其原因，以及与地理战略要素的联系，才能更深刻地透视日本妄图灭亡中国的野心：甲午战争（1894 年）后占领朝鲜→日俄战争（1905 年）后入侵中国东北并开始蚕食→"九一八事变"（1931 年）后吞并东北三省→1933 年开始蚕食华北（长城抗战、华北事变）→"七七卢沟桥事变""八一三淞沪抗战"（1937 年）全面侵华。这一系列行动体现了日本 1929 年大陆会议制定的"欲征服亚洲必先征服中国，欲征服中国必先征服满蒙"的战略意图，而且在 1937 年 7、8 月同时进攻中国政治文化中心的北平（今北京）和中国经济重心的淞沪（今长江三角洲），说明日本有速战速决的战略企图。

（三）结合地方历史理解时空，培养时空观念

以下是笔者在崇左 M 中学的教学片段。

案例一　人民版必修一《太平天国运动》部分课堂实录

老师：同学们，一百多年前在我们广西发生了一件轰轰烈烈的大事，大家知道是什么吗？

学生：太平天国运动。

老师：没错，正是我们这节课要学习的太平天国运动，我们初中的时候有学习过部分太平天国的内容，大家来回忆一下，太平天国运动爆发的时间、地

---

① 吴海庆．"江南"在哪里？[J]．河南师范大学学报，2010（3）．

点和主要人物是什么？

学生：1851年，洪秀全在广西桂平金田村发动起义。

老师：那么，同学们有没有思考过，为什么这场轰轰烈烈的农民运动是在这个时期的广西发生呢？接下来我们根据出示的材料以及你们自己所知道的历史信息来探究这个问题。

…………

太平天国运动是近代中国民主革命史上重要的一章，是农民阶级反帝反封建的民主革命。太平天国运动兴起于广西桂平，这是广西历史发展中的重要历史事件，学生对此兴趣浓厚。探讨太平天国运动为何发生在广西，与太平天国运动发生的历史背景相互关联，学生显然对于前者的兴趣更大，因而教师在教学过程中设置了问题探究来调动学生的学习兴趣。

洪秀全是广东花县客家人，创立"拜上帝教"后开始向乡众宣传教义，但其在广东的传教活动并不顺利，后转至广西传教。广西桂平县的紫荆山区，崇山峻岭，交通不便，清政府对此地的控制比较薄弱，这给了洪秀全传教以有利时机。且自明代中叶的"大藤峡"瑶民起事之后，大量外地人口进入该地，逐渐形成"土客之争"，至鸦片战争以后矛盾进一步加剧。土著居民的信仰，包括祭祀等活动均不允许客家人参与，客家人进入不了当地信仰系统，须以别的方式打破之，因而容易接受客家人洪秀全创立的"拜上帝教"。①

这虽然是广西当时的社会现状，但也是当时中国大部分地区都面临的社会问题：外国商品的流入冲击了本国市场，加上清政府的剥削，农民大多已经不堪重负，各种社会问题不断涌现，在这样的时代背景下，农民起义爆发了。

这节课以探究太平天国运动在广西爆发的原因来了解其时代背景，土著居民与客家人的历史拉近了历史和现实的距离，引起了学生的极大兴趣，贴近现实的知识更容易被学生理解，本土的历史资源通过一代代人的口耳相传使学生对其有了一定的了解，对于当时的时代特征也有了更深刻的体会，也更能将太平天国运动与其所处的时空环境相对应，认识历史与空间的关系，在探究中理解历史空间概念。

案例二　人民版必修一《民族区域自治制度的确立》部分教案

观看图片，能认出的民族有哪些？课本中有中国民族分布图，大家从中可以得出什么样的信息？根据课文，自主学习总结实行民族区域自治制度的原因。

---

① 唐晓涛. 俍瑶何在：明清时期广西浔州府的族群变迁［M］. 北京：民族出版社，2011.

提问：我国建立的省级自治区有哪几个？分别是何时建立的？作为广西人，你可知道广西壮族自治区建立的历程？

（PPT 补充材料：广西壮族自治区建立过程的大事记）

根据材料以及自身感受，思考民族区域自治制度实施的意义。

（引导学生列举自己所知的民族区域自治制度的具体表现，比如：自治区、自治县的行政首长必须由少数民族同胞来担任；保护少数民族语言文字的措施；壮族"三月三"盛大节庆及其成为公共假期；少数民族考生享受照顾等，探究该制度对维护民族平等、团结进步的意义）

可以看出，上述教案对于教学内容的设计与本土历史资源紧密结合，对于少数民族占大多数的学生群体来说，民族政策与自身息息相关，学生学习的兴趣十分浓厚。在讲到广西建立自治区的历程时，学生十分感慨。在历史的长河中，中国长期以来就是一个统一的多民族国家，各民族各地区间的经济文化交流更是把整个中华民族紧紧联系在一起，休戚与共，不可分割。广西在中华人民共和国成立初期设立广西省，但广西是以壮族为主的多个少数民族聚居地，依据民族区域自治的原则，中共中央在 1952 年决定在邕宁、宜山、百色三个专区设立桂西僮族自治区。1958 年成立广西壮族自治区，保障了境内少数民族的权益，也对广西政治、经济、文化的发展有重大意义。由广西而及全国，从广西壮族自治区的设立，学生更能深切体会国家实行民族区域自治制度对于国家统一、少数民族人民的权利保障和民族团结进步的重大意义。

当然，以上策略和方法中有些是比较普遍的，有些是针对一定学情的，归纳并不全面，我们在具体的教学实践中应该结合实际，不断总结新的方法。

四、结　语

历史时空是研究和学习历史的基础，把历史事件放在特定的历史时间和空间环境下研究，是每一位历史教师和学生应具备的意识和思维方式。培养学生的时空观念是中学历史教学中一项基础而重要的任务。

目前教育界对于历史学科核心素养的研究很多，专家们对于学科素养的培养策略也提出了许多建议。但是民族地区的一线教师在教学过程中须结合实际，根据学生的学情以及应试要求，对学科素养的培养研究和实践进行更多的拓展。而且，在课程改革的不断推进下，新课标、考纲的要求越来越趋向测量学生的历史素养，而不再是历史知识的简单积累，对于学科素养的研究和实践必然是历史教学的发展趋势，一线教师在教学过程中应该逐渐侧重于此类目标。

在中学历史教学中，教师应该合理利用教材，引导学生理解每一课所学的时代背景；利用教材中的插图及教辅工具，将图文结合起来让学生了解这一节课内容所涉及的地理环境。历史教师要善于运用大事年表等方式帮助学生梳理历史事件发生发展的历史脉络，把各个历史阶段的历史事件和历史现象贯通起来，培养学生将历史事件放在特定的时间和空间中进行观察和分析的思维方式，这对于学生认识历史、了解历史、把握历史学科的学科特征及学习方法具有重要意义，也是培养唯物史观、史料实证、历史解释以及家国情怀等历史学科核心素养的基础。充分发挥本土资源易于被学生理解和接受的优势，有效地进行资源利用，培养学生把历史事件放在历史时空中思考和理解的历史意识和历史思维。掌握了正确的历史时序后，对于历史脉络的梳理就变得容易很多。历史时空观对于历史事件的理解有很大的帮助。

时空观念作为历史学科核心素养中一个关键的方面，是学生在学完本课程之后所形成的、在解决真实情境中的问题时所表现出来的必备品格和关键能力，是历史教育中教育功能的重要体现。时空观念的培养不仅有利于学生对历史学科的认识和学习，更有利于对学生思维方式的培养，而这种思维方式对于综合学科的学习也有重要作用，我们必须运用多种途径予以强化。

参考文献

［1］魏恤民. 高中新课程历史优秀教学设计与案例［M］. 广州：广东高等教育出版社，2005.

［2］王铎全. 全国优秀历史教学案例选（高中部分）［M］. 上海：上海教育出版社，2006.

［3］李林川. 高中历史新课程教学设计与评析［M］. 北京：高等教育出版社，2008.

［4］胡敏中. 论马克思主义的自然时间观和社会时间观［J］. 马克思主义研究，2006（2）.

［5］周仕德. 论课程实施基本取向与教学设计的转变［J］. 西华师范大学学报（哲学社会科学版），2009（1）.

［6］聂幼犁. 中学历史课程"过程与方法"目标问题［J］. 历史教学问题，2009（1）.

［7］周仕德，何成刚. 历史教学设计观的转型探析［J］. 中国教育学刊，2010（4）.

［8］赵克礼，徐赐成. 中学历史教材研究与教学设计［M］. 西安：陕西师范大学出版社，2011.

［9］苗利晓. 新课改背景下高中历史教学设计探究：以人民版必修一第一单元的课堂教学设计为例［D］. 石家庄：河北师范大学，2013.

［10］郭二英. 新课程历史教学设计研究：兼论与传统历史教案的区别［D］. 扬州：扬州大学，2013.

［11］曹亚杰. 高中历史"太平天国运动"教学设计探究［D］. 武汉：华中师范大学，2014.

［12］王祥传. 多元思维指引下历史教学设计初探：以人教版必修Ⅲ《探索生命起源之谜》一课为例［D］. 武汉：华中师范大学，2014.

罗杰斯自由学习理论在中学历史教学中的运用

——以崇左市 M 中学为例

胡庆乐

本研究旨在通过分析卡尔·罗杰斯（Carl Ransom Rogers）自由学习的教学方法，结合桂西南地区 M 中学历史教学的实际状况，探究适合中国中学历史教学的模式，以突出教师的主导作用，落实学生的主体地位，进一步激发中学生对历史学科的学习兴趣，进而探索如何从中学历史学科扩展和延伸到其他学科，建立一种新颖的、合理的、科学的教学方式。

一、罗杰斯自由学习理论的主要内容

罗杰斯是人文主义心理学的主要代表之一，他在大量的实践和实验的基础上，提出了以促进学生个体的自我实现为目的的自由学习理论。其内容主要包括：

1. 自由学习的教学目标

罗杰斯认为，人是情感和认知的整体统一，自我是人格的核心，人的"直觉""创造性"都源于人的先天潜能，是未被开发的"潜在意识"；因此，真正有效的教育必须唤醒学生的"自我意识"，发展和完善隐藏在学生内心深处的"自我"，最终达到个体的全面发展和自我实现。"唯具有主动发展意识和能力的人，才能在一个不断变化的世界中找到随变而生的、各种不同的、有利于实现个人生命社会价值和自身发展的位置。"① 因此，罗杰斯提出教学的目标理应是促进学生的变化和学习，进一步培养能够适应社会的生存和明确自己如何进行学习的人。

2. 自由学习的本质

罗杰斯认为，真正的教育应该帮助学生积极地唤醒"自我意识"，进一步挖

---

① 叶澜. 教育理论与学校实践 [M]. 北京：高等教育出版社，2000：10.

掘自我潜能，引导学生主动学习，激发学生的探究欲望和热情，培养学生良好的学习和生活习惯，逐渐使他们成为"充分发挥机能的人"和"自我实现的人"。因此，在《自由学习》一书中，罗杰斯认为人的学习本质是在学习中学会学习、在学习中学会适应变化、在学习中学会不断地追求新的知识以及在学习中学会如何解决新的问题。

3. 自由学习的教学原则

罗杰斯提出了自由学习原则的三个要点：一是学生可以根据自己的需要、兴趣和能力自由选择课程。学生是一个独立的个体，有自己的兴趣、需要、思维和判断等。"一般认为，处于不同年龄阶段的个体，表现出不同的年龄特征，同时也面临着各个阶段独特的发展任务。"① 所以当学生的学习兴趣发生了转移，产生了新的变化，教师应该给予足够的理解和支持，并根据学生兴趣的变化及时调整教学计划，以保证教学活动的顺利进行。二是学生可以全面参与课程设计，彼此交流沟通，提出有利于教学活动的想法，共同商讨并选择最有可能达到教学目标的学习方法；这既可以照顾到每个学生不同的学情，也可以充分挖掘学生隐藏的潜能，同时也提高了教学的质量和效率。三是在教学活动中鼓励学生合作并充分发挥自己的主观能动性。学生之间相互合作，能积极调动学生的主观能动性，通过交流彼此的想法和意见，促进思想碰撞，有利于开阔学生宏观视野和思维。

4. 自由学习的条件

自由学习的实现，需要满足一定的学习条件，主要包括：一是让学生具备长久的学习动力和兴趣。每个人都是一个独立的个体，对于不同的事物有不同的感觉和兴趣，学生对学习的兴趣和动力亦是如此。因此，教师在教学活动中应积极引导学生对学习内容产生兴趣，激发学生的好奇心与求知欲，逐渐培养起学生探究知识和事物的长久动力。二是让学生能够接触真实的问题。学生处于成长阶段，有着极强的自尊心和自信心，渴望成功和得到别人的肯定；如果能让学生参与到现实的问题中，在教师的帮助和自己的努力下解决实际问题，这对于学生的学习热情和个人实现有重要的促进作用。三是创建师生合作互助、生生合作互助的良好氛围。在教学实践中，师生、生生之间的合作互助能够建立学习信任和集体气氛，从而积极影响学生的学习态度，引导每个学生将自己定位为合作团体中重要的一部分，增强师生的凝聚力和学生之间的信任度。四是学生应对自己负责。在自由学习的过程中，教学活动始终紧紧围绕学生自我，学生需积极地参与课程设计、学习计划以及自我评价等环节，因此，自我的管

---

① 贺乐凡. 现代教育原理 [M]. 北京：科学出版社，1996：82.

理是教学活动的重要组成部分，也是教学活动顺利进行的前提。所以，学生在教学活动中应当树立起自我负责的态度，认真完成自由学习的每一个步骤，努力实现自我的全面发展。

二、罗杰斯自由学习理论在 M 中学历史教学中的运用

根据笔者在 M 中学的问卷调查，高一年级有 61.39%、高二年级有 59.24%、高三年级有 67.70% 的学生认为在历史课堂教学中教师普遍选择了以讲授法为主的授课方式，对罗杰斯的自由学习理论的运用明显不够。因此，笔者将罗杰斯的自由学习与传统学习方法相结合，在以下三个方面进行探究性的历史教学。

（一）创设情境教学，激发学生情感

情境教学一般指在教学过程中，教师根据所讲授知识内容以及学生的基本学习状态而采取的创设一定的真实、生动情境且该情境能够调动他们的情绪和情感，引发他们进行观察和思考，以达到培养学生全面发展的教学方法。情境教学能依据教学目标，巧妙地运用教学内容创设出一种有利于学生获得新知的途径。

"在我们的文化中，我们习惯于将学生关在象牙塔里，把他们与现实生活隔离，不让他们面对任何实际问题。这种隔离其实是有害的。要想让学生自由地学习，为自己负责，他们就必须面对各种与生活休戚相关的、有实际意义的问题。"[①] 在 M 中学高一的历史教学《太平天国》一课中，笔者将太平天国起义的地点广西金田村的老照片展示给学生，并将学生分为九组进行思考讨论：为什么规模宏大、持续时间长达 14 年的太平天国起义会发生在一个贫穷落后的小山村？学生身为广西人，对太平天国起义成功的原因了解多少？等等。

九组学生均被本地域、历史老照片和问题所吸引，积极探讨，合作学习，情感热烈，课堂气氛十分活跃，这为下一步的教学奠定了良好学习态度的基础。接着，在学习《太平天国》中关于天京事变的一系列知识点时，笔者与学生协商，分别从九个小组的学生中各推荐一位代表，在课堂上进行天京事变爆发的历史情景剧演出，尽量模拟当年天京事变爆发的主要原因、发生的过程和最后结果以及影响，以直观的形式将知识点呈现在学生面前，有助于学生理解教材

---

① 卡尔·罗杰斯. 自由学习 [M]. 伍新春，管琳，贾蓉芳，译. 北京：北京师范大学出版社，2006：169－170.

和重点难点。而在历史情景剧编排的过程中，九个小组结合历史事实和教材各抒己见，提出自己的想法和意见，并创造性地加入了一些现代的元素和理念，创设了一个全体学生参与、全体学生构建、全体学生评价的情境教学。这无疑激发了学生内在的学习和兴趣。

（二）订立学习契约，合理评估学生

在罗杰斯的自由学习理论中，学习契约是构建自由学习的工具之一，有其自身的特殊性和有效性。学习契约是教学活动中的一种增强师生之间彼此的信任感、融合度的自由学习的学习工具，可以在教学活动中帮助减轻师生心理的不确定性和不安感，使学习活动正常地进行。在自由学习的教学活动过程中，师生双方为了更好地完成教学任务，达到教学目标，经过一致的协商，可以订立相应的契约；这份契约可长可短，内容包括需解决什么问题、谁来完成契约、契约完成后学生能获得什么、教师希望学生从这次学习经验中得到什么，等等。学习契约一旦签署，双方就必须切实履行契约规定。同时，根据契约规定，学生可以自由地选择学习内容、自由地安排学习计划、自由地决定学习方法、自由地选择完成契约的形式，等等。这是一种在教师安排的学习范围内最大限度地满足学生学习自由的过程。使用学习契约，教师可以在质的方面和量的方面达成共识的基础上评估学生。这对于学生来说更加公平，对于教师的参评更加客观全面，而且学生在这一过程中，不但充分发挥自主能动性，获得了必需的知识，也通过运用自己积累的知识培养了思考问题和解决问题的能力。

受教育者和教育者都是教育活动的主体，是相互依存不可分割的，也是教育活动中最具积极性的要素。[1] 在 M 中学的历史教学《新中国初期的外交》一课中，笔者根据所要讲授的相关知识，利用已经分好的小组，与学生协商订立学习契约，凸出学生的主体地位，以本节课的内容为基础向外延伸，由学生决定学习什么内容、采用什么样的学习方式以及制定相应的学习计划，同时以小组加分作为完成契约任务的奖励，以此激励学生积极负责地准备和参与。在这一过程中，师生互相监督，相互信任，共同完成学习契约。而在完成契约的过程中，相对于平日里历史教师的教学，学习契约这一形式对于学生来说是陌生的、新鲜的，但他们表现出来的却是浓厚的兴趣和敢于面对挑战的勇气和决心。并且，学生在订立契约和完成契约的过程中，积极发挥主观能动性、自觉性和自律性，各抒己见、相互合作、情绪高昂，课堂氛围十分融洽，学习效果显著。第一组学生代表 Z 订立的契约如表 1 所示。

---

[1] 薛彦华. 教育学 [M]. 北京：科学出版社，2009：17.

表1　学习契约

独立研究契约	
契约双方：Z 同学　　　H 教师	
问题：新中国成立初期面临怎样的外交形势？	
假设	
1. 新中国成立初期占据的有利条件是什么？	
2. 新中国成立初期存在的不利因素是什么？	
独立研究安排	周末利用网络或去当地图书馆搜集材料
计划持续时间	一周
师生碰头时间及次数	周一、周三，共两到三次
活动内容	Z 同学将用如下方式呈现自己对上述问题的研究成果： 1. 新中国成立初期国内、国际的有利外交条件 2. 新中国成立初期国内、国际的不利外交因素 3. 对在网络和图书馆搜集到的资料做好记录 4. 向全班展示自己对该问题的研究结果 5. 回答教师和同学们的提问
评价	如果 Z 同学做到了以上 5 条，可以加分

（三）提供学习资源，提高学习效率

自由学习将个体的需要、兴趣和潜能有机结合起来，注重个体的自我实现和全面发展。传统的教学模式以教师的教授为主，缺乏一定的课程资源意识，不能充分调动学生的学习兴趣、挖掘知识内容的广度和深度等。而在自由学习中，教师作为一个学习促进者的角色，主要是为学生的自由学习提供丰富的资源，帮助学生顺利完成教学活动，促进学生自我的实现和全面的发展。而且，教师在执行学习促进者的职能时，对时间和精力的分配会与行使教学职能的情况有所不同。促进者不再以教师的备课、讲课等为主，而是作为指导者为学生提供学习资源，选择学生需要的学习资源，思考学习资源的作用以及学生遇到困难后教师应该怎么办。教师作为学习资源的提供者，要提前想到学生会遇到什么样的困难和问题，并及早做好帮助和解答的准备，先于学生想到这些问题，给予学生充足的便利并保持自由学习对其的吸引力。

在《新中国初期的外交》一课中，在笔者与学生经过协商订立契约、制定学习计划后，笔者根据学生感兴趣的学习内容和所求助的难题提供了多媒体设备、周恩来总理的外交史料和万隆会议的相关影视资料等，提前为学生准备了他们能力范围之外的学习资源，给学生以最大的便利，以提高学生完成契约的效率，也有利于培养学生的自信心和认知能力。

三、罗杰斯自由学习理论运用的实际效果及其对新课改的启示

任何一种教学理论或者方法，都要经过实践检验，评估其实际效果，并找出其利弊，以利于指导和改进教学。以下即从这些方面来略加考察。

（一）实际效果

"新课改提出要推动学生个性全面发展，而自由学习关注学生的个性化、创造力的培养，二者具有一致性，所以罗杰斯的自由学习思想对我国基础教育改革有着很大启示。"[①] 在 M 中学的历史教学活动中，笔者根据该校历史教学的实际情况，在传统教学方式的基础之上，将罗杰斯的自由学习理论探究性地运用于历史教学过程中，虽然教学的结果与预期的教学目标有一定的差距，但仍然取得了相当大的成效。

首先，在历史教学活动过程中，笔者依据教学内容，联系现实生活中所出现的问题，合理地创设相对应的问题情境，将学生置于其中，鼓励和引导他们积极参与，学会面对、思考和解决这些问题，借此满足学生隐藏的探究心和接受挑战的渴望。相对于传统教学模式，创设问题情景更加凸显了学生的主体地位，给予其极大的自主性，对于培养学生的独立性以及解决问题的能力有积极的促进作用。

其次，在教学活动中学习契约的订立，对学生的个体发展有质的提高。学习契约具有权威性和严格性，一旦签订，师生双方必须按契约的内容严格执行，对于教师和学生既是高标准的要求，也是共同迎接挑战和迅速进步的机会。而且学习契约的订立，给了学生足够的自主性和自由发挥的空间，学生可以根据教材知识自己制定学习内容和学习计划，亲自准备和讲授学习内容，教师从旁指导学生完善契约内容，辅助学生顺利、高效地完成学习契约，真正将课堂还给学生。而在传统教学中，学生则处于被动的地位，对于心智尚未成熟且自律性较差的学生，主动学习的热情相对不高，更多的是处于一种"被迫"学习的

---

① 余虹. 罗杰斯自由学习思想的历史影响和当代价值 [J]. 内蒙古师范大学学报（教育科学版），2014（6）.

状态。

再次，教师向学生提供学习资源，是学生能够完成契约任务的重要基础。师生订立契约之后，学生需要根据契约的内容做下一步的准备。但学生作为在校的未成年人，认知能力、技术条件等皆受到限制，这对于契约的顺利执行造成一定的阻碍。因此教师作为契约的另一方，要提前想到学生可能遇到的困难，提前为学生准备好充足的学习资源，以保证契约的顺利完成。此外，使用探究训练的学习方式，使学习成为学生参与的一种体验。在学习契约实施阶段，学生作为问题的探究者，采用各种灵活变化的方式探究和解决他们所遇到的问题，在探究中发现，在困难中成长。长此以往，学生逐渐学会自觉主动地进行探究、进行自我指导的学习，慢慢地建立起主动学习和探究的长久动力。传统教学模式中，教师的主体作用远远大于学生，且学生在有限的时间里进行的合作探究微乎其微，因此，最终教学效果很难达到预期的教学目标。

最后，自我评价成为引导学生自觉学习的主要途径。在学习契约中，学生自己制定标准，然后根据自己完成的结果评定成绩。在这一过程中，学生能够清楚地知道什么样的标准才是重要的，哪些步骤是需要实施的，哪些内容是应该理解掌握的，哪些条件是需要满足的，等等。学生也就明白了如何确定自己的学习方向，怎样改善自己的学习方式和怎样采取措施对自己的学习负责。这些对于学生来说，既是对自己的高标准要求，也是全面发展和自我实现的必然途径。传统教学模式中，教师对于学生的评价主要根据考试成绩，这样的评价方式过于单一，不利于学生的个性塑造、心理健康发展和素质教育。

（二）对新课改的启示

罗杰斯主张在教育活动中，把学生内心的需要、兴趣等与教学内容合理地结合起来，以此调动学生学习的热情，从而进行自主创新。这样可以充分挖掘学生的潜能，让学生认识到个体学习的意义和价值，从而促进个体的自我实现和全面发展。当前我国正倡导和推行新课程改革，强调突出学生自主性和主动性的重要作用，鼓励培养学生个性、兴趣和创新能力的发展。同时，我国的新课程改革注重学生的素质教育和全面发展，倡导积极开发和挖掘学生的潜能，加强培养学生的创新思维和实践能力，以满足学生终身发展的需要。由此可知，罗杰斯的自由学习理论基本上契合了我国新课程改革的要求和目标，因此具有一定的启示作用。

自 20 世纪 60 年代罗杰斯提出自由学习的概念以来，经过大量的实践和检验，其人本主义的教学观得到了广泛的认同和传播，对于我国的新课程改革具有一定的指导意义。

首先，罗杰斯在自由学习思想中提出的人本主义理论，强调人的个性发展和自我实现，这一宗旨体现了尊重学生的主体地位，有利于培养学生学习的自主性和自觉性，通过为学生创设实际情境、订立学习契约等引导学生自由学习，开展探究和创新，以实现学生的自我价值为目标。这些对于我国的新课程改革强调培养学生自学能力、增强学生探究意识、让学生真正掌握自学的方法和解决问题的能力等方面有参考价值。

其次，在自由学习中订立学习契约，教师将课堂还给学生，由学生决定教学内容、组织教学等，教师则负责引导学生完成契约目标并提供学习资源，真正做到了以学生为主体的教学。学习契约的订立对于我国新课程改革要求改变传统教学，理论联系实践，促进学生的全面发展有指导作用。

再次，自由学习中的探究训练是一种让学生参与和体验的学习方式，在这一过程中学生为真实的问题探索求解，开发自身潜能，激发学生的探究精神和创新思维。这样的探究训练对于我国传统教育下学生被动思考、被动实践等方面有重要的启示作用，能够提高学生的自主性和培养学生的实证精神。

最后，自由学习中"自我评估"的综合评价体系改变了学生盲目追求高分数的行为。学生根据自己的学习过程和效果进行自我评价，这样的评价方式不但给予了学生充分的自主性，也使得评价结果更加全面。而这一评价方式对于我国新课程改革中既要关注学生的学习结果，又要关注学生的学习过程有重要的借鉴价值。

所有的先进教育理论应因地制宜，通过大量的实践进行检验，进而不断地进行改进和完善，以适应我国的教育改革需要。根据罗杰斯自由学习理论与传统教育结合所取得的教学成效，笔者认为，如继续在实践活动中不断地完善它，便有可能将之发展成为一种成熟的、适合中国教育的教学模式，并可延伸到其他的学科和领域。

参考文献

[1] 朱为群. 罗杰斯人本主义教育理论述评 [J]. 教育理论与实践, 1991, 11 (5).

[2] 江光荣. 人性的迷失与复归: 罗杰斯的人本心理学 [M]. 武汉: 湖北教育出版社, 2000.

[3] 刘宣文. 人本主义学习理论述评 [J]. 浙江师范大学学报 (社会科学版), 2002 (1).

[4] 朱艳新, 张日. 罗杰斯的人本主义思想与人格理论 [J]. 社会科学论坛, 2003 (5).

[5] 肖红慧. 罗杰斯人本主义学习理论对当代教育的几点启示 [J]. 湖北经济学院学报 (人文社会科学版), 2006 (8).

[6] 欧德菲尔德. 自由地学习: 华德福早期教育 [M]. 李泽武, 译. 北京: 人民文学出版社, 2006.

［7］李汉潮. 构建自由学习的教学模式：一件小事引发的思考［J］. 文教资料，2009（3）.

［8］余虹. 罗杰斯自由学习思想的历史影响和当代价值［J］. 内蒙古师范大学学报（教育科学版），2014（6）.

［9］卡尔·罗杰斯. 自由学习［M］. 伍新春，管琳，贾蓉芳，译. 北京：北京师范大学出版社，2016.

［10］徐洁萍. 自由学习成就有效课堂［J］. 课外语文，2015（8）.

近现代爱国主义课程资源的开发与利用

——以崇左市为例

顾　叶

课程资源是指有利于学生学习、实现教学目标的一切资源，包括文本、实物、人力以及各种网络媒体资源等。中学历史教学尤其要重视课程资源的开发。广西崇左市作为与越南接壤的边境地区，有关近现代历史的课程资源十分丰富。本文拟以崇左市中学历史教学为例，探讨如何积极开发利用边境地区近现代爱国主义课程资源，培养学生的家国情怀。

一、崇左市近现代爱国主义课程资源介绍

崇左市位于广西壮族自治区西南部，面向东南亚，背靠大西南，东及东南部接南宁市、钦州市，北邻百色市，下辖江州区、大新县、龙州县、扶绥县、天等县、宁明县、凭祥市，其中大新、龙州、宁明和凭祥与越南接壤，接壤边境线共长533公里。作为边境地区的崇左有着非常丰富的历史课程资源，如中法战争中的镇南关大捷、孙中山领导的镇南关起义、红军建立的左江革命根据地等历史遗迹以及现代修建的博物馆都是丰富的课程资源。

（一）文本资源

文本资源是指以文字记载的方式展现本地区历史的资源，其形式十分丰富，主要有地方档案、地方志、家谱族谱、相关回忆录等诸多种类。无论是传统教学还是新课程改革背景下的历史教学，文本资源都是中学生获取历史知识和提升历史思维能力的重要材料。充分开发当地文本资源，对于促进中学生了解本地历史具有重要意义。

崇左地区近现代爱国主义的文本资源十分丰富。如沈奕巨的代表作《镇南关大捷》《中法战争史调查实录》，李建平和盘福东的《广西抗战文化史》等都涉及崇左地区的抗战历史和抗战文化。

除此之外，还有各地图书馆和各学校图书馆关于近现代的书籍，其中能够展现当地历史和风土人情的都可归入爱国主义课程资源的范畴，都能够被运用于教学课堂，激发学生爱家爱国的情怀。

（二）实物资源

爱国主义实物资源是指以实物形式展现当地历史的相关资源，其种类十分丰富，除了人们最熟悉的各类与爱国主义相关的历史文物、历史文化遗址以外，还有地方博物馆、纪念馆、档案馆以及爱国主义教育基地等，这些场馆往往保存着大量与爱国主义有关的历史文物、历史图片等，而且因为其庞大的藏量和资源收集的系统性、开发性，往往成为中学开展爱国主义教育的首选之地，因此，本文将其也纳入实物资源。至2010年，广西壮族自治区爱国主义教育基地已达91处。截至2015年，崇左市的自治区级爱国主义教育基地总数为9处，如崇左壮族博物馆、龙州起义纪念馆、红八军军部旧址、龙州烈士陵园等。作为革命老区，崇左市的近现代爱国主义的实物资源种类多样，分布广泛，目前崇左地区拥有国家级文物保护单位3处，省级文物保护单位17处，县（市）级文物保护单位177处。现择要介绍如下。

1. 崇左壮族博物馆

崇左壮族博物馆是广西壮族自治区首个壮族博物馆，是第一家地市级壮族博物馆，是以展示崇左左江壮族历史文化为主题的专题性博物馆。该馆是崇左市青少年民族文化教育基地，在重点介绍广西民族特色的同时，也展示了近现代历史时期崇左地区的发展情况，其中包括"近世烽烟""光辉历程""铸就基业""谱写新章"四个展区，系统介绍了崇左地区近代抗击外来侵略的历史和邓小平等老一辈革命家在左江革命根据地的峥嵘岁月，以及现代崇左各民族人民团结奋斗共同实现历史性跨越发展的成果。2015年，该馆成为广西第六批自治区爱国主义教育基地。

2. 龙州起义纪念馆

龙州起义纪念馆位于广西龙州县城东区，是为了纪念邓小平在龙州领导的龙州起义而成立的专题纪念馆。该馆于1985年2月1日（即龙州起义55周年纪念日）成立，原名中国红军第八军革命纪念馆。纪念馆进门的壁雕上是邓小平的题词："革命胜利的果实，是烈士们的鲜血凝成的。红八军和人民革命先烈们的丰功伟绩永远活在我们的记忆里！"纪念馆主要包括"边关风云""赤色龙州""解放江左""丰碑永存"四个专题，陈列着众多战争中红八军的老照片、用过的刀枪、图片，还罗列了李明瑞、俞作豫、宛旦平等将领的人物事迹，无不全面且深刻地反映了红八军反帝、反封建的光辉战斗历程和左江各族人民为夺取民主革命胜利前赴后继、英勇奋斗的伟大功绩。该馆是广西第一批中共党史教育基地，也是全国爱国主义教育基地。

3. 友谊关

友谊关坐落于广西凭祥市西南端，是我国九大名关之一。关楼左右两边都是城墙，左侧是左弼山城墙，右侧是右辅山城墙，中间城门镶嵌的"友谊关"三个大字，是由陈毅元帅题写的。友谊关蕴含着非常悠久的历史，明以前称雍鸡关，明代改名镇南关，近代由冯子材率领的镇南关大捷就发生在这里。1953年改名睦南关，1965年改名友谊关。1995年被确定为爱国主义教育基地。

4. 红八军军部旧址

红八军军部旧址是全国100个"红色旅游经典景区"之一，坐落于广西龙州县新街，是龙州起义前后党的领导机关和红八军军部所在地。此地原是瑞丰祥钱庄，1929年邓小平两次到龙州发动和领导起义，建立中国工农红军第八军，军部设在瑞丰祥钱庄，以指挥广西左江地区的革命斗争和军事行动。该钱庄因此被称为"红军楼"。1988年被列为全国重点文物保护单位，2001年被列为爱国主义教育示范基地。

5. 龙州烈士陵园

龙州烈士陵园位于广西龙州县上龙乡弄平村弄平屯，距县城5公里，原名自善烈士公墓，于1979年3月为安葬对越自卫反击战中牺牲的烈士而更名，现为省级重点烈士纪念建筑单位。

除此之外，还有清末边塞大小连城、大清国万人坟、平岗岭等历史遗址遗迹，这些都是近现代爱国主义课程资源的重要组成部分。

（三）人力资源

人力资源是指能够提供展现当地历史资源的人，主要包括历史教师、历史学家、老兵等历史见证人、社会各岗位的工作人员等。历史教师、历史学家主要是利用讲课、讲座的形式呈现他们所认识和理解的历史，历史见证人呈现给人们的主要是亲见、亲闻、亲历的历史。

历史教师是最为重要的人力资源，在历史教学中起着指导和组织作用，组织制作各种课程资源，运用于中学历史课堂教学，同时又具有重要的引导作用，主要是在历史课的教学中，对学生进行爱国主义教育，增进学生的爱国主义情感，培养学生爱家爱国的情怀。

除了教师之外，还有重要的社会工作人员，主要是博物馆、纪念馆的工作人员，负责讲解历史事件和遗迹，组织爱国主义教育活动。

崇左有参与过抗日战争、抗美援朝、对越自卫反击战的老兵。他们是历史的亲历者、见证人，有着最真实的历史情感体验。老兵们的口述可以让学生直观地接触历史，激发学生的爱国之情和报国之志。

（四）网络媒体资源

网络媒体资源主要有当地的网站资源，以及与当地历史相关的影视作品，主要有：

1. 纪录片《广西故事》

由广西壮族自治区党委宣传部、新闻出版广电局、植物旅游发展委员会和广西电视台共同摄制，是宣传和展现广西的历史文化、民族风情以及自然风光的专题纪录片。专题片分"文明传承""八桂之魂""地灵人杰""山水胜境""光影乡愁""匠心独运""民风传情""物华天宝"8 个篇章，第一集《虎将戍雄关》就讲到了凭祥友谊关"镇南关大捷"的历史。

2. 电视剧《虎将李明瑞》

由郭有驯导演，傅程鹏、蒋剑、吴惠麟、杨毅云等主演。该剧以近现代军阀割据混战和中国共产党的抗争为背景，演绎了李明瑞将军在第一次国共合作破裂之后拒绝蒋介石的拉拢，在蒋介石发动"四一二"反革命政变之后保护共产党人，并于 1929 年与邓小平等人率领广西警备第四、五大队与教导总队挺进广西左右江地区与韦拔群率领的农民武装汇合，发动百色起义和龙州起义，创立左右江革命根据地的故事。

3. 电影《铁甲 008》

由华纯、任鹏远导演，李世玺、李岚主演。故事以对越自卫反击战为背景。1979 年，越南在我广西边境不断挑衅，我军忍无可忍，向敌军发起自卫反击战。

4. 动画片《英雄冯子材》

唐宏宁导演以"中国梦"为主题创作的系列重大题材 3D 动画，该动画片以抗法英雄冯子材为主要人物，运用大量的高科技和动画效果，让很多的历史场景和战争场面得以"还原"，其中就有镇南关大捷。动画片在历史故事的基础上，又添加了动画片特有的卡通"笑果"，注重细节和中国传统元素，极大地吸引了青少年，同时向观众传达中华民族优秀的传统文化和爱家爱国的民族精神。

随着电子化媒体的普及，多媒体教学成为现在教学的主要教学模式，利用多媒体等教学媒介展现当地近现代的风土人情和历史史实，让学生更加直观地感受历史，用电视电影等形式的课程资源作为辅助，让学生以一种轻松的状态接触历史、了解历史，并以此激发学生的爱国主义情怀。但是对影视资源的运用要注意其科学性问题，除纪录片外，一般不能作为史实。

二、崇左近现代爱国主义课程资源开发与利用现状调查

笔者在 2016 年 10—12 月采用问卷调查和个别访谈的形式对崇左地区部分高中的历史学科教师进行调查访问。本次调查共发放问卷 50 份，收到有效答卷 46 份。此次调查访问涉及的学校主要有广西民师院附中、崇左高级中学、大新中学、龙州高中、宁明高中、扶绥一中共 6 所中学，覆盖面就崇左市来说较为宽泛，选择学校均为所在县的教学水平较高的中学，具有一定的代表性，调查结果基本上反映了崇左地区近现代爱国主义课程资源的开发与利用现状。

（一）教师开发与利用意识现状调查

为了调查这一问题，笔者在问卷调查中设置了 3 道题目：①您认为本地区进行爱国主义课程资源开发和利用有必要吗；②您对本地区进行爱国主义课程资源开发和利用的态度是；③您认为进行爱国主义课程开发的主要目的在于（多选题）。具体调查结果如下：

（1）对于本地区进行爱国主义课程资源开发和利用，有 96% 的教师认为是有必要的，但是仍有很小一部分认为没有必要。

（2）有 93% 的教师对本地区进行爱国主义课程资源开发和利用持较强烈的赞同态度。

（3）70% 及以上的教师认为进行爱国主义课程开发的目的是适应国家对爱国主义教育的政策要求，能够推进课程改革，可以开阔学生的视野，对考试有利；有 20% 的教师认为可以培养学生爱国、爱家的情怀。

总的来说，大部分教师对开发和利用本地区爱国主义课程资源持支持态度，认为有其必要性，大部分教师都认为本地区爱国主义课程资源的开发和利用能够带来积极作用。

（二）实际运用情况调查

针对这一问题，笔者在问卷调查中设置了 5 道题目：①随着新课程改革的深入，课程资源的开发和利用已成为教学的趋势，您是否对课程资源开发的相关课题进行过研究；②您所在的中学是否已经制定了本土资源的课程或者方案计划；③您在教学过程中，有无安排涉及地方知识的内容；④您在教学过程中，是否会带领学生到本地或者外地的爱国主义景点进行参观考察；⑤您在使用国家教材授课的过程中，是否通过地方历史开阔学生的视野、培养学生的家国情怀。具体调查结果如下：

（1）83%的教师对课程资源以及相关课题进行过一般了解，17%的教师没有参与过相关课题。

（2）33%的教师所在学校已经制定本土资源的课程和方案计划，43%的教师表示不清楚。

（3）37%的教师在教学过程中涉及地方知识内容的较少，35%的教师表示一般，22%的教师表示较多，仅有2%的教师表示非常多，还有4%的教师在教学中没有涉及。

（4）30%的教师会在课堂中讲述，但不参观；35%的教师因为担心学生安全而不参观；还有35%的教师让学生自己参观学习。这说明相关的实物资源还是没有被有效利用。

（5）63%的教师在教学过程中会涉及地方历史，但只是简单略讲；37%的教师会详细讲述并作补充。说明大部分教师对地方历史都有一定的关注，但在教学过程中设计的却不多。

总的来说，崇左地区的大部分教师对课程资源有一定的了解，对当地历史也有较高的关注，在教学过程也涉及本地区的历史知识，但缺乏深入了解和探究。

（三）开发与利用途径调查

针对这一问题，笔者在问卷调查中设置了3道题目：①您认为课程资源开发和利用的参与者包括（多选题）；②在对爱国主义课程资源进行开发和利用的过程中，您认为可以怎样做（多选题）；③作为教师，您希望通过什么方式来提高自己的地方课程开发能力（多选题）。具体调查结果如下：

（1）60%以上的教师认为课程资源开发和利用的参与者是教师和课程专家，37%的教师认为学生也应该参与其中，还有28%的教师认为教育部也应该参与。说明教师认为课程资源开发与利用的主要参与者是多样的，大部分认为是教师和课程专家。

（2）65%的教师认为可以充分利用学校和地方资源，39%的教师认为可以充分利用网络资源，35%的教师表示可以和他人合作，仅有4%的教师表示能够独立完成。

（3）43%的教师认为可以通过本土课程培训来提高自己的地方课程开发能力，70%的教师认为可以通过专家指导，61%的教师认为可以通过相关内容讲座，37%的教师认为可以通过查阅相关书籍，35%的教师认为可以通过本土教研活动，其中54%的教师选择了"其他"。这说明教师认为提高课程资源开发能力的方式是多样的，其中占比最高的是专家指导，其次是相关内容讲座。

总的来说，崇左地区的教师希望通过多种方式和途径了解和获取课程资源的相关知识。

（四）开发与利用的困境与问题调查

针对这一问题，笔者在问卷调查中设置了 2 道题目：①您认为地方课程资源在开发和利用过程中会遇到哪些问题（多选题）；②您认为学校在爱国主义课程资源开发和利用上是否重视。具体调查结果如下：

（1）61%的教师认为在地方课程资源的开发和利用的过程中遇到的主要问题是教学任务重，没有时间；37%的教师认为学校不重视，30%的教师认为是自己能力有限，不能做好。说明课程资源开发和利用的困境之一是教师教学任务重，教师没有时间和精力以及教师自身能力的限制，另外就是缺少学校和政府的支持和鼓励。

（2）33%的教师认为学校对爱国主义课程资源开发和利用不重视，只有9%的教师认为重视。

除了问卷调查之外，笔者还与部分教师进行了面对面的交流和访问，所得结果与问卷调查情况基本一致。在此不一一列出访谈的具体内容，在接下来分析问题的过程中会有涉及。总的来说，大部分教师对课程资源的开发利用都有重点关注过，对本地区近现代爱国主义课程资源的开发与利用持赞同和支持的态度，并且希望能够将其运用于课堂，以增强教学效果。在中学历史教学中，教师既是课程资源的开发者也是实施者，应该是主动的，但在实践中，教师往往成为被动的一方，很多教师认为课程资源开发的主体是专家，教师仅仅是课程资源的执行者。

我们还发现，部分学校开设有校本课程，部分教师会选择在课堂上讲解本地区的历史和风土人情，但是还没有进行具体的专题研究，因此近现代爱国主义课程资源的开发与利用仍然任重道远。

三、课程资源开发与利用存在的问题及其对策

根据调查和实践，我们发现崇左市中学历史教学中，近现代爱国主义课程资源的开发与利用面临着诸多问题和挑战，对此精准把脉，分析原因，以求有效突破困境、向好发展，是我们努力的方向。

（一）存在的主要问题

目前崇左市近现代爱国主义课程资源的开发与利用正处于起步阶段，难免

存在问题，这就需要我们不断摸索，找出问题并解决问题。

1. 传统教学方式影响过大

尽管素质教育和新课程改革正如火如荼地推进，但具体的教学实践仍然依据传统的教学考核和评价方式，以升学考试为中心，围绕考试大纲，使得教师的教学依旧只是关注与考试相关的教学内容，这就造成教师在历史教学时容易"照本宣科"，学生养成一味接受的习惯。

同时，随着电子信息化的步伐加快，多媒体辅助教学等已经逐渐普及并用于优化教师的课堂教学，教师可以摆脱传统教学中板书的书写，把更多的时间留给师生互动交流和学生自主学习，但这就真的意味着教学的改革吗？这仅仅是教师把板书和教授的知识点以课件的形式展示出来，而原来传统的教学模式和学生的地位仍然没有改变，学生仍然处于被动接受的地位；更有甚者，由于教师追求课件的花哨而忽视了教学的重难点，使得学生上课更加吃力，教学效果没有提升反而退步了。有的学校还没有普及多媒体教学，只能利用板书进行教学，这也是课程资源开展的一个局限。笔者实习的学校只有高三年级和高二的部分班级普及了多媒体教学，其余班级都是利用板书、教具、教材等传统的形式进行教学，硬件设施的不健全也是近现代爱国主义课程资源难以推进的重要原因。原本新课程改革的目的是实现有利于本地区近现代爱国主义课程资源的开发和利用，但受实施环境的限制并不能真正实现。除了课堂教学以外，现在的教学评价体系仍然是传统的教学考核制度，学生的成绩就等同于教学成绩、学生水平和教师水平。

就目前传统教学体制难题难以攻克和高考模式难以改变的情况下，课程研发者、学校和教师都处于课程开发的瓶颈期和现实与理想的矛盾之中，真正的素质教育难以推进，使得近现代爱国主义课程资源的开发与利用缺乏有效性和可操作性。

2. 教师自身存在局限

历史教师作为进行课程资源开发与利用的人力资源，既是资源的开发者，也是资源的实施者。新课程改革的推进，要求作为教学主体的教师要适应角色转换，还要提升专业水平和理论素养，但是由于种种原因，部分教师对此难以适应。

第一，教师的精力和关注点有限。新课程改革之后教师依旧是教学的主导者和指导者，教师的主要任务还是教学工作，在这种情况下，教师还要分出精力进行课程资源的开发与利用，实在力不从心。在访谈过程中，笔者还发现一些学校的师资力量较为薄弱，存在缺乏历史教师的情况。由于学校和教师考核的要求，历史教师的首要任务依旧是升学和考试成绩的检测，这与学生的成绩是直接挂钩的，使得教师在具体的教学实践中，把更多的关注点放在如何让学生取得高分上。教师在完成教学任务的同时，还有教研任务、班主任工作和教学竞赛等相关的工作。虽说课程资源的开发利用也是教学的一部分，但还是属于课后任务；又因为没有奖励机制，所以很多教师对课程资源开发持无视或消极态度，缺乏自主性。近现代爱国主义课程资源的开发与利用，工作量很大，需要各方面的分工与协作，准备过程和实施过程需要耗费大量的时间和精力。教学任务之外的时间也被占据了，这就导致大部分教师不愿意主动进行课程资源的开发与利用，有的甚至对此持反对态度，使得资源开发难以展开，课程开发的质量有待提升。

第二，教师专业水平和理论素养有限。近现代爱国主义课程资源的开发利用，需要教师既具备良好的专业基础知识，还要熟知和研究乡土资源历史。中学历史教师大部分是从学校毕业之后直接走上工作岗位的，没有接受过课程资源开发与利用的相关课程和当地乡土资源知识的专门学习和培训，这使得教师缺乏相关的理论基础知识。中学历史课程相较于语、数、英等主要课程不那么受重视；有的历史教师并不是历史学专业毕业，这种情况很常见，特别是在初中和农村学校，以致历史教师缺乏课程资源开发应具备的、相应的专业知识和理论素养。

3. 社会观念的消极影响

教育教学的发展与时代需求和社会影响密切相关，社会发展的需要直接影响着教育发展的规划和决策，但社会需求与社会现实也存在矛盾之处。访谈中一位学校领导提起：现在很多家长会花更多的钱让孩子去一个大家认为好的学校，那好的学校是什么样的呢？其实就是升学率高的。尽管新课程改革在不断推进，教师和家长、社会的关注点在逐渐发生改变，但这是一个漫长的过程，现实生活中，社会固有的传统教育观念一直在影响着我们。就目前来看，社会和大部分家长评论一个学生的好坏，依旧是依据其学习成绩。因此许多家长都不理解和体谅学校的课程设置，有的家长甚至申请学校补课，拒绝开展与升学考试无关的教学，排斥把更多的时间留给学生。近现代爱国主义课程资源的开发正处于不断探索和开发的阶段，难免存在些许失误和与教学不相协调的地方，家长和社会的不理解也使得研究工作很难展开，使得课程资源的开发陷入尴尬的境地。

4. 缺乏有效的制度支撑

课程资源受到越来越多的关注和研究，教育部和学校也越来越重视课程资源的开发与利用，但就目前近现代爱国主义课程资源开发利用的情况来看，依然没有形成完备的课程资源体系，缺乏健全的评价体系和完善的奖励机制。在课程资源开发利用成为一股潮流的时候，教育部和学校、教师都渴望能够跟上教学的步伐，但课程资源的开发缺乏体系支撑，没有明确开发利用的主体，甚至作为实施者的教师，对课程资源具体的观念都不是很了解，使得开发利用课程资源很难，或者在进行的过程中出现各种各样的问题，缺乏具体的指导，最后只能无疾而终。在调研中关于教师问卷调查设置了一道开放性问答题——"您对本地区近现代爱国主义课程资源的开发和利用有何建议"。其中就体系问题，教师建议：从教育局出台文件，学校领导层决策，再到具体的整个体系的构建；领导重视，师生共同参与，制订方案，做好规划；纳入考核体系等方面，都希望能够有具体的体系作为支撑。

在中学教研工作中，对于课程资源的开发与利用的评价，主要以最终实施为着眼点，如果仅以教育工作者对课程开设实施形成的书面总结为内容，则容易存在片面和不足；同时，资源的开发是集体努力的结果，容易忽视专家和教师个体在资源开发过程中的艰辛和贡献，从而使得个人在资源开发中缺乏积极性和自主性。尤其是在课程资源的开发和实施过程中，教师都始终参与，承担着巨大的压力和超负荷的工作量，但在最后的评价制度中，却往往忽视了教师个体的付出。没有明确的奖励机制，很容易降低教师的热情。这是崇左近现代课程资源开发利用正面临的又一问题。

（二）相关对策

1．推进素质教育，创设良好环境

课程资源的开发利用与新课程改革应和素质教育相契合，不能让原本素质教育推动下的资源开发利用反而受阻于素质教育。所以，应该从根本上打破传统教育的束缚，不断推动素质教育。结合历史学科的特点和需要，具体措施如下：

（1）开展研究性学习。

研究性学习是学生在教师的指导下，根据历史学习和实际生活来选择自己感兴趣的专题进行研究。结合历史学科的课程目标，教师可以设置与近现代爱国主义课程资源相关的课题，让学生进行资料搜集和整理分析；教师在研究过程中，给予必要的引导，尽可能让学生真正参与到课程当中。研究性学习可以用多种方式开展，既可以让学生进行小组报告，相互分享自己的研究成果，也可以进行个人经验总结。无论何种形式，都可以起到锻炼学生的作用，帮助学生扩展知识面和提高认知水平，可以锻炼学生自主学习的能力、分析问题和解决问题的能力，给学生留足发展空间，扩展学生的思维。例如崇左市 M 中学会设定相关的研究性学习，制定过"中国吉祥图案""古书中的侠客形象"等研究性学习主题，先从学生感兴趣的方面入手，在爱国主义教育方面也积极进行开发。

与研究性学习密切相关的是，组织学生对当地历史资源的人文景观进行实地参观和考察，例如博物馆、纪念馆和历史遗迹等。让学生亲身感受历史留下的宝贵财富。例如龙州县 F 中学每年清明节都会组织学生到龙州烈士陵园扫墓，祭奠为保卫国家牺牲的英勇将士们，让学生铭记历史，形成强烈的爱家爱国的情怀。

（2）设计主题班会。

主题班会可涉及爱家爱国、发现身边的历史等内容，以便利用近现代爱国主义课程资源。在笔者实习的中学，笔者作为实习班主任主持了以"你眼中的大新"为主题的班会，让学生分小组提前搜集家乡的相关历史知识，在班会上做简要介绍，之后由班主任总结归纳，由此可以让学生对家乡的历史有更加全面和系统的认识。

（3）开展技能比赛。

崇左市的中学每年或者每个学期都会举行文化艺术节或学生竞赛，在设置比赛的时候，教师可以用近现代爱国主义课程资源相关的内容作为比赛内容，例如作文竞赛、绘画比赛、演讲比赛等。笔者实习的中学所举办的科技文化艺术节中的历史知识竞赛就涉及大新的历史文化，以及每年举行的国庆节活动会让每个班级以"爱国爱家"为主题，举行黑板报比赛；在笔者调查访问的中学中，崇左市 G 中学也会举行相关的演讲比赛。

各类活动以近现代爱国主义课程资源为主要内容，与学生教育教学和实际生活息息相关，可以让资源得到有效的利用。同时也应该注意：各种活动要有效开展，需要提前设计合理可用的课题和详细周密的计划，也应该给学生最大的自我发展空间等，让学生在课外活动之余还能领略家乡历史的魅力，这也是学生发展与资源开发利用的有效模式。

2. 发挥教师的中坚主导作用

（1）增强教师的课程资源开发意识。

教师也是教学资源开发的主体，大部分中学历史教师都意识到课程资源的开发利用是能够适应新体制下学生新发展的一个航向的。在教学过程中，教师最贴近教学实际，清楚教学实际和学生情况，了解具体的实施内容。那么教师在资源的开发过程中要充分发挥自己的优势，有目的性、有选择性地进行甄别和选取，使得课程资源能够真正落到教学中。在崇左地区近现代课程资源的开发与利用中，中学历史教师发挥自己的优势地位，结合学生的实际情况，对当地的历史进行选择和组合。让教师也真正参与到课程资源的开发中，切实增强他们的课程开发意识。

（2）全面掌握课程资源开发利用的原则。

一般来说，教师准确理解以下原则，才能更好、更合理地开发利用课程资源。

第一，科学性原则。具体而言，广西边境地区近现代爱国主义课程资源包罗万象，有许多历史人物、事件以及遗存，在最大限度地符合学生认知要求的前提下，应确保所利用的资源能够客观真实，传达正确的价值取向和历史价值观念。例如笔者实习的中学的 C 老师引导学生在学习必修三专题四"20 世纪以来中国重大思想理论成果"第 1 课《孙中山的三民主义》时，以紧靠大新中学的大新县城的中山路、民族路、民主路、民生街的社区资源为线索，与课程内容中三民主义的内容相结合，让学生更加清晰地了解这一课程的内容，还能了解本地的历史文化。

第二，目的性原则。课程资源的开发应该有利于课程目标的实现和学生素养的提升。例如凭祥市 G 中学于 2009 年编订校本教材《巍巍雄关》时就明确强调充分挖掘、利用身边的教育资源来丰富学校教育、教学内容，大力推进素质教育，促进师生了解家乡，促进学生全面发展。

第三，灵活性原则。在不同地区和不同经济条件下，课程资源的开发与利用存在明显的差距，这就需要因地制宜，依据当地实际发展状况，考虑本地的特色优势和学校特色文化，选择最合适的课程资源。不能一味"跟风"，只有了解了当地的独特资源或者最有价值、最能吸引人的课程资源时，才能把课程资源的优势发挥到最大。

要以学生为本，因材施教。可以依据教学需要和学生学习需要，以多种资源、多种形式穿插教学，例如课堂讲授、课堂训练、考试检测等。因为"参与课程资源开发的主体由单一的课程与教学专家主导正在向多元主体发展，其中包括利用和消费课程资源的学生"①。课程资源开发利用的作用对象就是学生，要想调动学生的学习热情、激发学生的自主性和积极性，就需要关注学生对什么感兴趣，什么最能引起学生的注意，并以此作为资源开发与利用的出发点。笔者观摩了崇左市高三历史复习课的教学竞赛，一位教师在引导学生学习《宋明理学》，讲到宋明理学带来的影响时，直接利用校园里的关于理学名言警句的宣传栏，非常生动，给学生和听课教师留下了很深的印象。

第四，共享性原则。要加强不同地区、不同学校的有效合作与共同探究，相互共享资源开发和成果，达到开发利用最大化，实现互利共赢。笔者调研发

---

① 朱水萍. 课程资源开发的认识误区及变革策略 [J]. 教育理论与实践（学科版），2006 (2).

现各个学校在课程资源开发方面几乎各自为政,资源共享和交流不多,造成重复建设或者缺漏。因此应该加强各个学校之间的合作,尤其是同一个地区具有相同的课程资源,建立专门的资源库,将更有利于资源的开发和加强学生以及教师的学习。

(3)优化课堂教学。

课程资源的运用最主要的方式就是在课堂中与教学内容相结合,教师把课程资源与教材教法进行整合,便于学生直接有效地获取新知识和了解当地历史。在历史教学过程中,发生于或者影响了本地区的历史事件以及相关历史人物都可以作为具体的教学内容用于课堂教学。但同时要明确历史教材才是教学的主要内容,课程资源只是对教材的补充和丰富,起着辅助作用;在历史教学过程中不能"喧宾夺主",过度利用教学资源而偏离主题,反而失去了课程资源开发与利用的本意。因此,在进行历史课堂教学时,要根据教材内容,选择最恰当、最具代表性和教育意义的课程资源。崇左地区的近现代重要史迹主要有旧民主主义革命时期的中法战争、辛亥革命,新民主主义革命时期的抗日战争、解放战争的遗址、故居、纪念性建筑、烈士墓等,如表1所示:

表1 崇左地区近现代重要史迹

近代革命史迹	中法战争遗址	龙州援越抗法阵亡将士墓、陈勇烈祠、镇南关、大清万人坟等
	孙中山和同盟会革命活动遗址	凭祥镇南关起义旧址
现代革命史迹	中国共产党领导广西各族人民建设和保卫左、右江革命根据地时期	中国工农红军第七、第八军部旧址,龙州左江革命委员会旧址,龙州保卫战铁桥遗址等
	解放战争时期	凭祥市平而关战役遗址

(4)善于利用社区与家庭资源。

社区资源是与学生学习生活直接紧密相关的资源,它可以是人们聚集的公共场所如广场、典型性建筑,也可以是张贴在各个宣传栏的口号、标语等,把社区资源运用于教育教学中,可以激发学生的兴趣和养成他们关注生活中的事物的好习惯。社区资源的选取要贴近学生的生活实际。以崇左大新县为例,该城以前是明清土司养利州,现存的东门是重要的历史遗址,富含历史信息;同时大新县博物馆与X中学相距700米左右,学生周末都可能路过,故可以作为进行爱国主义学习和教学的资源加以利用。

带领学生积极开发家庭历史课程资源,例如家谱或者族谱、家庭珍贵的纪念相册、实物以及长辈对过去的回忆和讲述等。在近现代历史中，老一辈是亲历者，有些长辈甚至参与过战争、亲历战场，一步步见证中国的发展，对这一段历史最有发言权。利用这种最贴近学生生活实际的课程资源，让学生在了解自己家庭的同时，在轻松愉悦的氛围中学习历史知识。

3. 将课程资源开发利用纳入师生评价体系

崇左市的学校作为边境地区近现代爱国主义课程资源校本课程开发和实施的主要"场所"，应该创设资源开发与利用的环境。学校应改变对学生的评价体系，不以学生的成绩"一刀切"，而要注重全面培养人才，不断提升学生素养。就实际教学来看，对于课程资源开发最大的阻碍是学校对于历史等科目的考核方式和对学生的评价体系。社会、学校、教师和家长以及学生最为看重的仍是考试成绩，保持"高考决定人生"的态度。要让素质教育取得卓效、课程资源开发突破瓶颈，就必须改变传统的考核方式和对学生的评价体系。

第一，将课程资源作为学校教学考核内容。如果中学校本课程知识内容成为与平时考核和高考相关的内容，就一定会促进学校、教师对校本课程的重视，并逐步优化校本课程设置结构，使其渐渐融入中学历史教学，丰富中学课堂。边境地区将近现代爱国主义课程资源等相关的校本课程纳入教学考核的内容，促进教师和学生对边疆近现代爱国主义课程资源的学习和开发。

第二，将课程资源的学习纳入学生期末考核的内容。学生作为教学的主体，对于课程教学，不能处于被动接受的地位。新课程改革要求培养全方位人才，应把与近现代爱国主义课程资源的开发相关的校本课程，以探究性学习、自主性学习和研究性学习等开放性的学习方式，在学习中展开，并成为最终学习目标和学习任务，划入学生期末考核范围。学校将学生作为现代教学的主人翁，把近现代课程资源的开发利用真正做到实处。

4. 政府和学校提供充足的经费推动校本课程和专题资源库建设

目前能够运用顶层力量推动最多的是开设校本课程和建立专题资源库。学校应结合自身的发展特色和当地历史文化资源，积极开发校本课程。在具体的实践中，可以设置选修课和专题性讲座。如崇左市 M 中学就开设了选修课《高中乡土校本课程开发研究——以 M 中学为例》；并且编订了相关的教材《崇左历史风物拾遗》，主要介绍崇左的历史文化和风土人情。

随着互联网技术的普及和应用，要充分运用现代化科技，在近现代爱国主义课程资源开发与利用的过程中，突破课程资源局限于课堂的旧有模式，建立打破时间和空间限制的网络资源共享专题资源库。这个资源库可以以学校或者地区为单位，进行资源的交流协作和共享，节省人力、物力和财力，实现资源利用的最大化。

笔者在调研中发现，崇左课程资源开发的一大实际问题就是资金问题。在回收的 46 份有效问卷中，其中开放性问答关于"您对本地区近现代爱国主义课程资源的开发和利用有何建议？"有 22 份都提到了加大资金投入或财政支持。在访谈过程中，不少教师强调最大的困难就是资金问题。崇左地区课程资源的开发利用是一个长时间积累和实践的过程，需要耗费巨大的人力、物力和财力。这就需要政府和教育部门提供坚实的物质基础，给予相应的资金支持。

四、结　语

新课程改革背景下，课程资源开发利用越来越受到重视。课程资源开发利用存在一定的地域性和多样性，有很高价值也有一定难度，需要各级单位和个人全方位、多方面的参与。通过对崇左地区近现代爱国主义课程资源开发与利用的调查分析，我们发现其中面临诸多问题，主要原因是传统教育方式的制约，教师自身条件的限制和社会观念的影响以及缺乏系统的体系支撑。但是广西边境地区因其地缘独特性而具有丰富的历史课程资源，开发利用边境地区近现代爱国主义资源对于学生和学校的发展以及课程改革的推进具有重要意义。针对面临的实际问题，首先要加快素质教育的推进，创设适用于资源开发和利用的环境；其次发挥学校和教师的中坚主导作用，并且建立健全课程资源的评价体系和奖励机制。在具体实施过程中，应遵循科学性、目的性、灵活性、共享性原则，运用现代技术手段和人际链条，把学校、课程、课堂、教师、学生和社区等各种主体与资源结合起来，落实家国情怀，全面实现历史课程目标。

参考文献

[1] 王斌华. 校本课程论 [M]. 上海：上海教育出版社，2000.

[2] 吴刚平. 校本课程开发的定性思考 [J]. 教育科学论坛，2000（1）.

[3] 李英顺. 新课程背景下历史课程资源的开发与利用 [J]. 中小学教师培训，2007（12）.

[4] 邓友平. 课程资源开发与利用的问题与对策 [J]. 教育情报参考，2009（6）.

[5] 范蔚，李宝庆. 校本课程论：发展与创新 [M]. 北京：人民教育出版社，2011.

[6] 梁小菊. 高中历史教科书中爱国主义教育素材分析与应用：以人教版必修内容为例 [D]. 长春：东北师范大学，2013.

[7] 夏煊颖. 历史教学与爱国主义教育研究 [D]. 武汉：华中师范大学，2014.

[8] 李瑾. 滇西抗战史课程资源开发和利用探究 [D]. 昆明：云南师范大学，2014.

[9] 谢毓忧. 高中历史课程资源整合的有效途径研究 [J]. 基础教育研究，2015（21）.

民族地区高中历史教研活动探析

——以崇左市 M 中学为例

郝亚楠

近年来崇左市 M 中学的历史教研组积极组织并引导组内历史教师学习最新的教学理念，努力推进校本课程的开发与利用。历史课堂也逐渐由传统教学模式转而向"人本主义"教学模式推进；学生主体作用更加凸显，历史课堂也展现了新的活力。对该教研组教研活动的探究，有助于我们了解其发展的过程，希望对相同类型学校的历史教研活动有所启示。

一、M 中学高中历史教研活动的目标和内容

据 2016 年统计，崇左市 M 中学高中历史教研组中拥有中学初级教师职称的教师占整个教研组的 55%；中级教师职称的占 10%；高级教师职称的占 35%。高中历史教研组中青年教师占大多数，开展丰富而有针对性的教研活动是促进青年教师成长的有效途径。

（一）教研目标

1. 提高教学水平，促进有效教学

随着新课程改革的逐渐普及、高考制度的日趋灵活，与崇左市 M 中学同类型的民族地区中学有更多的教学问题需要解决。要想提升教学水平，就要提高教研活动水平，这是许多一线教师的切身感受。为了更好地促进本校高中历史教学水平的提升，崇左市 M 中学相关管理部门制定了每学期的教研进度安排，各个学科教研组根据学校的进度安排每阶段的教研活动。但据笔者的调查，该校高中历史教研组对学校相关管理部门制定的教研进度安排并没有完全落实，计划中的教研活动会因各种突发的教学安排而改变。

教研活动可以将学生学习、实践与研究性活动相结合并产生相互作用。教师可以通过教研活动培养自己解决课堂教学活动中出现的普遍问题的能力；面

对课堂教学的"生成性问题"也可以有很好的"心理预设"。为了更好地实现课堂教学效果，崇左市 M 中学高中历史教研组对课堂教学有明确的文件要求，无论是学校管理、教研组管理，还是教学计划等方面都有完整的书面文件。尽管学校要求十分严格，教研组在实际操作中也很难完全按照制定的目标实行。多数规则、标准都因为与现实有较大差距而难以付诸实践。特别是在学生对基础知识掌握不足的情况下，很多新式教学方法和理念都难以落实。

2. 促进学生全面发展

随着教学改革的不断深入，学生需要掌握更加科学的学习方法，从而获得独立学习的能力。教师可以通过教研活动改进自己的教学理念，提高自身的教学水平，根据学校教学的要求将先进理念运用到教学实践中。学生则可以据此重塑学习态度，进而逐渐提高学习能力。崇左市 M 中学高中历史教研组的教师在历史学科对学生学习能力的培养具有重要影响作用这一点上，有共同的认知。但是如何帮助学生更加健康发展，明显受学校的现实条件所制约。

（二）教研内容

教研活动的表现形式可以根据不同的教研主题和内容进行多种变换。比如：集体备课、观摩教学、专题讨论、课题研究等。2016—2017 学年第一学期，崇左市 M 中学高中历史教研组的主要活动围绕"2016 年广西全区高中历史优质课展示"开展。可以说整个学期高中教研组的主要活动形式就是备赛。单一的教研活动形式为原本就处于起步阶段的教学活动增添了不少阻力。崇左市 M 中学高中历史教研活动因形式的单一化，很难在更多的方面得到提升。

有效的组织管理是持续开展教研活动的有力保障。该校形成了"学校教研组—区教研室—学科中心组—教学督导"的一系列监督、管理体制，并通过多次全市范围内的高中历史教研活动帮助所属范围内的各所学校提升教研能力和教学实践水平。

教研组在学校机构中归属学校教务处管理，且有专门分管教学的校领导监督教研组计划的制订与实施。而在每个市、县、区，也分别设有相应学科的教研室对学校教研组进行指导。多层次、多方面的管理和指导给学校高中历史教研提供了较大的进步空间。

1. 组织教师在岗进修

据调查，在 M 中学由 20 名历史教师构成的教研组中，只有 4 名教师参加过进修（见表 1），占教研组教师人数的 20%。在岗教师一旦没有持续进修学习，将很难接触到最新的教学理念，这对教育资源相对薄弱的民族地区历史课程教学实际来说是极为不利的。

表 1 高中历史教研组进修情况

姓名	进修内容
Y 老师	2013 年广西"区培计划"——高中新课改培训项目
W 老师	2014 年"国培计划"——广西农村骨干教师置换脱产研修
L 老师	2014 年"国培计划"——广西农村骨干教师置换脱产研修
Z 老师	2016 年广西高中历史优质课展示活动

2. 培育教学新理念

"落实新课程理念、优化新课程实践、深化教学改革是现代教研工作的核心内容。"[①] 最新颁布的高中课程标准对历史学科的学科要求进行了新的阐述，较之原本的三维目标——知识与能力、过程与方法、情感态度价值观，新的课程标准更符合"人本主义"的教学理念。由唯物史观、时空观念、历史理解、历史解释、家国情怀构成的"历史学科核心素养"，更加倡导培养发挥学生在教学过程中的主体能动性。笔者针对"历史学科核心素养"是否在教研活动中落实进行了相关的调查。对"历史学科核心素养"这一提法，崇左市 M 中学高中历史教研组教师大多数有所听闻，但是对于其具体内涵以及相关的理论阐述并不十分了解。尽管绝大多数一线教师都十分赞同在日常的教学中践行最新的教学理念，但是在高考和学业水平考试的压力下，许多新的教学理念都流于表面，很难付诸实践。

3. 落实新教学方法

随着科技的不断进步，教育技术也随之发展。以"科技、激情、快乐、成长"为主题的"341"激情课堂教学平台在崇左市 M 中学应运而生。据此教学平台的设计与发起者谢副校长介绍，崇左市 M 中学作为民族地区一所"年轻"的学校，并没有足够多的高水平教师开展"高效课堂"，只能另辟蹊径，以学校方面的强制性手段推出一种符合新课改形势要求的多媒体教学模式。少数民族地区在多数情况下难以留住高水平的教师，但在政府财政的支持下，学校硬件

---

① 赵才欣. 有效教研——基础教育教研工作导论 [M]. 上海：上海教育出版社，2008：51.

设施的提升可以在一定程度上弥补优质教师配备不足的窘境。

教师的教研能力并非教学研究水平、教学理念、教学方法的单一叠加，而是全方位的发展，包括对新型教学手段的使用都是考察一名教师是否可以紧跟教育改革步伐的重要因素。崇左市 M 中学推出了极具特色的"341"激情课堂教学平台，出发点是为了提升学校的整体教学水平，但是在实践过程中不难发现，繁重的教学任务和升学压力使一线教师对它的使用情况不乐观。

二、M 中学历史教研活动的成效与相关案例

尽管面对严峻的形势，但在学校领导和教研组教师的不懈努力下，依旧根据现有条件创造出了一定的成绩。教研活动对教师自身发展的促进作用主要体现在提升教学能力、增强教研能力、培养研究习惯和解决教学中的实际问题四个方面。

1. 比赛备课促进教学能力的提升

比赛备课作为教研活动中的一种备课模式，在崇左市 M 中学 2016—2017 学年第一学期的高中历史教研活动中得到了生动的体现。从最开始选择 W 老师代表学校参加 2016 年全区高中历史优质课展示活动，到最后 W 老师荣获特等奖，其间整个高中历史教研组的活动都围绕比赛展开。

针对此次全区高中历史优质课的比赛，崇左市 M 中学高中历史教研组做了大量的准备工作，可将其划分为"三阶段七环节"，即准备阶段，包括选课、学课、备课；实施阶段，包括说课、讲课、议课；以及最后总结阶段的结课。

W 老师选择的是人民版高中历史必修三中"近代中国思想解放的潮流"专题的第 2 课《新文化运动》。学课时，整个高中历史教研组的教师对《新文化运动》一课中需要实现的课程标准等方面集中讨论。针对教材主要从近代化史观、全球史观、文明史观等史学观念进行分析，希望可以对"新文化运动"作出更加全面的历史阐述。由于是到 Y 高中比赛，且对所授班级的学情没有完全了解，所以在学情分析上先自行设定为平行班，并在此基础上进行教学设计。在本课的重难点以及突破方式的选择上，学校高中历史教研组的教师一致认为将创设情境与合作式学习相结合，可以更好地帮助学生理解"新文化运动"的发生原因、运动经过以及重要意义。

备课则采用 W 老师为主、教研组其他教师为辅的方式。W 老师在教研活动的前期准备阶段对《新文化运动》一课进行了简单的教学设计。最初的设计是用一段"微课"导入本课内容；以《新青年》杂志的 4 次封面改版作为本课的逻辑线索；通过设问创设情境。针对 W 老师的备课情况，教研组教师提出了关

于学情设定以及设计亮点的疑问：是否可以加入乡土教材或是在环节设置上有所创新？修改后的教学设计则是用新文化运动前后上课礼仪的变化为导入；以《新青年》杂志的发展为知识线索；通过对杂志发展的梳理，帮助学生熟悉课文内容。在教学设计中加入"我的民国印象"、为新文化运动中的代表人物写"颁奖词"等环节，从而丰富课堂教学内容。根据每次教研活动中参加磨课的教师的反馈，W 老师修改了《新文化运动》一课的教学设计。

进行说课时，W 老师已经将本课的教学设计根据之前同组教师的意见进行了修改。导入方式由微课和新文化运动前后的礼仪变化，转为教师提问学生"对新文化运动的印象如何"。新知的讲授以《新青年》杂志的发展为线索，对教材内容进行梳理。

比赛之前，W 老师将多次修改的教学设计放在学校高二 S 班进行模拟教学。以"回望百年新文化"为题，从对新文化运动有巨大影响的北京大学谈起，用"三只兔子"建构全文框架。通过讲述蔡元培、陈独秀、胡适（生肖均属兔）三人的经历，帮助学生梳理新文化运动的发展背景、经过与结果。在教学设计中，针对师生互动方面，W 老师主要运用一个探究式活动"我心中的新文化运动"，帮助学生正确认识新文化运动这一重要历史事件。

在议课的过程中，市历史教研员 Y 老师针对本课的教学设计、教学实践等方面提出了自己的看法：首先，该教学设计明显体现出教师对课标的把握不够，这就导致教师在问题设计以及对具体知识点的讲解上"心有余而力不足"；其次，教学实践过程中，教师对课堂时间的把握缺乏判断，一个重要的教学环节即"我心中的新文化运动"没有完整呈现出来；再次，教学设计的主线不够明确，教师对此课中学生需要掌握的基本知识，没有做到准确、完整的表述与整理。在学生的课后反馈中，很多学生都提到他们并没有对这一课内容形成完整的知识框架。

经过多次磨课，W 老师所设计的《新文化运动》一课，最终是以"新邦旧民、新邦新民、新民新象"为主线，将教材内容重新整合为"新邦旧民——新文化运动的背景""新邦新民——新文化运动的内容"和"新民新象——新文化运动的影响"。为了更好地体现"历史核心素养"中的"史料实证"，W 老师运用了大量的历史资料为学生讲解新文化运动中涉及的历史知识。比如陈独秀所作的《一九一六》《旧思想与国体问题》《敬告青年》，李大钊的《自然的伦理观与孔子》，林纾的《论古文之不宜废》，张家康的《〈新青年〉从创刊到终刊》等。大量历史材料的使用，一方面可以丰富教学内容，另一方面可以帮助学生拓展知识面，还可以更好地帮助学生在平时的学习中锻炼对历史材料的分析、理解能力。

W 老师作为崇左市 M 中学高中历史教研组的一名年轻教师，在 2016 年全区高中历史优质课展示活动的比赛中，通过一次次的备课、磨课、说课、试讲、评课等环节的考验，最终荣获特等奖。这是学校高中历史教研组全体教师共同努力的结果。纵观 W 老师的前期准备、比赛过程以及赛后的访谈追踪，不难发现，W 老师的教学基本功通过这次的比赛得到了很大提升，对比赛的驾驭能力也得到了提高。

很多年轻教师可以通过参加比赛以及前期一次次的磨课，不断更新自己的教学理念，这在 W 老师的教学设计中随处可见：

设计意图①：习总书记说北京大学是新文化运动的中心和五四运动的策源地，是这段光荣历史的见证者，而它亦是中国学子心中的最高学府。以北京大学图片导入，拉近学生与历史的距离，同时传达用历史的眼光去理解、洞察日常熟悉的事物的理念。

设计意图②：通过展示陈独秀等人著作中对民主科学"新"内涵的剖析，引导学生得出认识——新文化运动所提倡的民主科学是近代以来中国思想变革的延续和发展，向西方寻求真理的人们开始由器物和制度层面深入文化心理层面。

设计意图③：学术界对新文化运动对待传统文化的态度有不同见解，这一设计，主要是培养学生论证观点的能力。根据史料，让学生认识"打孔家店"、反对旧道德的真正内涵和动机。

设计意图④：在激发学生学习兴趣的同时，引导学生理解提倡新文学是为了更好地传播新思想，让国民更容易接纳德先生和赛先生，利于国民性的塑造。

设计意图⑤：选择丰富细节的史料，让学生深入历史情境，情境化理解新文化运动的影响。

设计意图⑥：引导学生建构自己的历史认识，从而深化对课题的理解。

从 W 老师教学设计的每一个环节的设计意图中，我们不难发现"情景式教学""唯物史观""以史为鉴"等历史教学观念已经对年轻教师产生了深刻的影响。当年轻教师以最新的教学理念为出发点进行教学设计，并在教学实践中表现出来，那么学生也会受到最新的教学理念的熏陶，这对培养学生的"历史核心素养"有重要的促进作用。

此次以备课为主要形式的教研活动，一定程度上反映了一些少数民族地区的高中历史教师，会通过参加各种类型的比赛，激励自己努力提升教学能力，而"以赛促教"则成为很多学校促进教学发展的重要手段。

2. 校本课程促进教研能力的不断增强

教研能力，即教学研究的能力，一般是指在教学方面的研究能力。在新课改浪潮下，最为轰轰烈烈的就是"校本教研"。校本，"有三方面的概念：一是为了学校，二是在学校中，三是基于学校"①。崇左市 M 中学则将"校本教研"的成果体现在"校本教材"的编订中。

崇左市 M 中学的课程设置中，全校学生都可以选修不同的"校本课程"。由学校各科教研组根据本校学生学习兴趣与需拓展的课外知识，联系教师教学实际而各自编写教材，开设不同类型的选修课。历史组教师则根据学生对教材的使用、了解情况，联系高考，立足于崇左市的乡土资源进行资料整合，编写出适合本校学生的教材。在 2016—2017 学年第一学期的全校选修课中，开设了"探索历史考古未解之谜""中外人物史话"和"崇左历史风物拾遗"三门选修课程供学生选择。

与 Y 高中针对高考备战的校本教材不同，崇左市 M 中学的校本教材更重视对崇左市当地的乡土历史资源的整合以及对学生学习兴趣的培养。由于学校教学发展方向的不同，Y 高中的历史校本教材多以学生备考资料的形式出现；崇左市 M 中学的校本教材则用作全校性选修课的参考教材。在培养学生对历史的学习兴趣方面，崇左市 M 中学的校本教材更有促进作用。同为民族地区的全日制高中，崇左市 D 中学的校本教研则更流于表面。尽管学校有意发展适合本校的校本教材，但是由于一系列主客观原因，并没有编写出完整的教材。

民族地区的学校鉴于乡土历史资源的丰富性，编写出兼具学校自身特点的历史校本教材是十分适宜的。但由于各个学校教师教研能力的不同，校本教材的编写状况也大相径庭。经过调查，我们发现相较其他同类型学校，崇左市 M 中学校本教材的编写不仅体现了学校的发展特点，也促进了学校日常历史教学实践。

3．研究习惯的逐渐养成

教师经过多次的教研活动之后，就会对日常教学过程中出现的问题产生疑问，从而引起对该问题的兴趣，进而开始研究。教师可以在教研活动中对自己感兴趣的资料进行收集、整理，经过深入的研究之后形成具有现实意义的研究成果。

4．实际问题的有效解决

教研活动很重要的一个出发点就是实际情况。如何更好地解决日常教学实践过程中遇到的问题是每个教师都需要面对的。教研组在帮助教师解决遇到的教学问题时，起到了很大的作用。例如 L 老师帮助所带班级中的 W 同学正确面对不理想的历史成绩并积极鼓励她走出困境的事情，就体现了"教研组—教师—

---

① 郑金洲，陶保平，孔企平．学校教育研究方法［M］．北京：教育科学出版社，2003：1．

学生"的紧密关系。

案例：

W同学是一个学习十分刻苦的女生，作为班级副班长，她对自己学业上的要求相当严格。无论是平时的课堂学习，还是课后作业的完成，W同学都要求自己要尽量做好。期中段考成绩出来后，W同学看着自己68分的试卷十分沮丧，对着试卷发呆的样子被路过的L老师看到。作为W同学的历史老师，L老师深知这位学生平时很用功，面对不尽如人意的考试结果，L老师觉得自己要为这位学生做点什么。

"今天的教研活动主要针对咱们这次段考做一个考试分析，大家都谈谈自己的想法吧。"教研组长Y老师提出任务。

随后，教研组针对这一现象提出了一套相应的解决方案。首先，由出现问题的学生的授课教师先找学生谈话，找出学生情绪波动的原因，然后进行疏导。其次，每次考试后的试卷分析课上，要讲清楚当次考试的重难点和考查方向。并且在班级里面和学生一起做考题分析，帮助学生梳理出错的原因，并掌握知识盲点。最后，在每次考试之前要和学生说明考试范围，帮助学生做好"心里预设"。从平时的"小考"帮助学生克服考试压力，以至于最后的"大考"不会出问题。

L老师在结束教研活动之后，按照教研组商量出的解决办法，先找W同学谈心，帮她疏解由考试成绩不理想带来的消极情绪，之后在所带的每个班级的试卷分析课上向学生说明了考试的侧重点，帮助学生更好地进行试卷分析。

L老师在课堂上说："大家看一下啊，我们这次段考，很多同学的主要丢分点是在选择题的前十道题。它们都在中国古代史的考查范围内，大致内容与教材中'专题一 古代中国的政治制度'的内容相吻合。这些题的侧重点都是对中国古代史中出现的一些特有名词的概念和内涵进行考查。'宗法制''分封制''中央集权''郡县制''世袭制'等概念的解析都暗含在每道题之中。当时咱们在讲这一专题内容的时候没有进行更加深入的解读，所以大家答得不好也是情有可原的。"

从日常教学活动中遇到的问题展开，放在教研活动中讨论，并且最后形成对同类型问题的处理方法，这是集体教研的积极方面。同时，教师通过参与教研活动可以学到解决实际问题的办法，或许这个方法不是来自哪条理论的指导，而是同组教师多年教学经验的总结。这对年轻教师更好地成长是有积极的促进作用的。

三、M 中学历史教研活动存在的问题与对策

（一）存在的问题

1. 教研组建设存在的问题

崇左市 M 中学教研组在发展中遇到的主要问题是：定位不够明确、教研组构成需要改进、教研组相关制度应逐渐完善。

2. 教研过程中存在的问题

教研活动不单单是备课，更是有针对性的教学研究活动，其内容、形式具有多样性和科学性，好的教研活动应该担负指导日常教学实践和丰富学科教学研究的双重任务。目前崇左市 M 中学教研活动存在的突出问题有两点：其一，日常教研比较单薄。比如就教学答疑和学生管理而言，不能局限于帮助学生解决困难，而是要从单一的事件中找到规律，从而为这一类型的事件解决提供一个有效方案。其二，课题教研有待提升。"中学研究课题化"已经是当下中学常见的研究现状。一所学校在接受评估时，要想得到更好的成绩或是得到上级领导的肯定，学校主持、申报的课题就占了很大比重。从崇左市 M 中学调查到的情况中，我们发现，该校教师已经有较强的课题申报意识，虽然区级、市级课题较少，但是校级课题已是高中历史教研组教师人手一个。申报的课题中，更多的是对教学现状的分析，且多集中在课程资源开发方面，做理论性研究的课题很少。现状研究固然重要，如果教研组想要有更好的发展，理论研究也不可或缺。

（二）改进措施

1. 优化教研组

针对崇左市 M 中学高中历史教研组发展遇到的主要问题：教研组定位不够明确、教研组教师构成不够理想、教研组制度不够完善；需要有相应的解决措施：明确教研组定位、优化教师结构、规范教研制度。

（1）明确教研组定位。

教研组的定位应该是"适应+发展"型。首先，历史教研组的发展不能脱离学校的具体情况。考虑到该校地处民族地区，经济发展水平不高，而且是一所成立不久的新学校，整个教学团队还处在"发展期"。所以要在教研活动的定位上从实际出发，例如可以研究如何利用民族地区丰富的乡土资源等可操作性较强的课题。

其次，与高校专家、教授合作交流。高中历史教研组还可以利用有合作关系的大学，通过建立"实习基地""课题研究基地"等方式加强双方的合作。将这些合作大学里具有历史学、教育学、心理学等专业背景的教授请到学校作指导，真正做到"引进来"。

（2）优化教师结构。

优化教师结构最重要的是加快培养骨干教师。为了更好地促进该校的历史骨干教师发展，成立"骨干教师研习组"是很有必要的。因为由骨干教师牵头的"研习组"可以因地制宜，从实际出发带动身边教师的发展。

另外，要促进各年级教师资源均衡分布。一个年级教师资源配备得好，不能说明整个教研组教师资源都具优势。为了避免教师随所教年级的改变影响学生学习效果，教研组在为每个年级配备教师的时候就要充分考虑每名教师的各项能力。鉴于崇左市 M 中学高中历史教研组的具体情况，日常教学实践工作中，每个年级至少要配备一名骨干教师、一名有经验的成熟教师和一名刚入职不久的"新手"教师。这样的教师配置可以最大限度地保证学生不会因为年级的变动而影响学习效果，同年级任课教师也可以更好地形成"帮扶"。

（3）规范教研制度。

历史教研组肩负教学、行政双重职能，规范的教研制度对教研组的健康发展具有重要意义。崇左市 M 中学高中历史教研组的制度可以从以下四个方面进行完善：进修制度、教研制度、互助制度、评价体系。

①进修制度。

在岗进修和脱产进修是学校教师常见的两种学习手段。鉴于该校的具体情况，笔者认为其高中历史教研组的主要进修方向为：理论学习和实践操作。理论学习是为了更好地指导教师的教学实践，实践操作则可以促进对理论的理解。对于民族地区教师的发展，理论学习更为重要。因为学校的环境在短时间内很难改变，但是教师可以利用新的理论重新定义所处的教学环境。例如，崇左市 M 中学就可以利用比较流行的"翻转课堂"或是"探究式学习"，在学校"341平板加平台"的基础上分享更多的学习方法给学生。

②教研制度。

教研活动正常开展的重要前提是需要明确"第一负责人"。教研组要有组长、年级备课组要有组长，他们都需要负责好本教研组、备课组的日常教学、教研活动。年级组长要了解本年级历史教师的基本情况，教研组长要掌握年级组长的基本情况，从教研组内部形成一个完善的监管体系。校级领导应定期参与学科教研活动，从学校管理层面为历史学科的教研活动发展提供相关建议。就崇左市 M 中学高中历史教研组来说，教研组组长 Y 老师要对高一、高二、高三 3 个年级的年级组长进行管理，而 3 个年级的年级组长 P 老师、W 老师、H 老师要担负起管理本年级历史教师的责任。

除了日常教研之外，还有专题性质的教研，这类教研活动都有一个较为明确的主题。考虑到崇左市 M 中学的现实情况，可以在日常教研和专题性教研两方面做如下改进：

日常教研方面，备课组除了进行本年级的备课之外，还可以和其他的两个年级联合备课。特别是在崇左市使用的人民版教材专题性强的前提下，跨年级备课能使教师对同一专题有更加充足的准备。教研组备课则可以选取某一专题先进行集体备课，再由备课组的一名教师运用于实践。整个教研组在听课后进行评课，再经过重新备课后由之前讲过的教师和另一名备课组的教师分别实践。整组教师再次听课然后评课，最终得到一个适合本学校学情的专题教学设计。

专题教研方面，除了常见的校本教研，还可以和大学合作、跨校合作。崇左市 M 中学作为一些大学的"实习基地"，在和大学合作上有十分便利的条件。而崇左市历史教研室发起的"卓越学校建设"，则是利用"学科中心组"为崇左市内的中学提供跨校合作的平台。作为民族地区的中学，当个体优势不够明显时，集体发展则显得尤为重要。不同学校可以采用"同课异构""结对帮扶"等方式开发差异性教育资源。

③互助制度。

"互助制度"根据参与层次的不同，可以划分为：校内互助、校外互助。

"校内互助"主要指学校内部的帮扶。其中，同学科教研组内可以有"教师结对""师傅带徒弟"等多种形式；不同学科组可以"资源共享"，已经有完整教学、教研体系和制度的学科可以将发展经验与有待发展的学科共享；在学校内部实现资源优化。例如，崇左市 M 中学物理、化学学科发展较好，相比之下政治等学科的发展就相对较缓，发展较好的物理、化学学科教研组就可以将自己的经验分享给政治等发展较缓的学科教研组；而得到经验的教研组，需要结合自身学科特点寻找新的发展手段。

"校外互助"主要指校际的帮扶。其中又可分为：同类型中学的合作。同类型中学有相似的发展背景和现状，可以更好地"协同发展"；"阶梯型"学校互助。学校的发展水平不同是客观存在的，为了更好地优化教学资源配置，利用"集群"的作用，不同发展程度的学校可以形成"校级教研团"。同学科的教研组可以利用这个平台，互相交换经验，共同进步。例如崇左市历史教研室牵头的"卓越学校建设"就是这一构想的具体实践；"中学＋大学"型对口互助。中学可以利用自身的资源，以"实践基地"等形式和大学产生互动。大学借助中学打造学生的"实践基地"，中学利用大学的专业化资源提升自身的学科发展水平，从而达到"互利共赢"。崇左市 M 中学就是已经"挂牌"的"实践基地"。

④评价体系。

一个教研组发展水平的高低终究是通过评价确定的。"考核""设奖""职称"可以作为三个主要评议标准。"考核"主要是以学校的行政考核为基础，参考教研组内教师的教学、科研、获奖等情况，综合考量学科教研组的发展状态。"设奖"主要是对考核优异的学科教研组在年终或是每个季度颁发奖项，从而起到鼓励的作用。"职称"评定，除了国家统一的评定之外，每个学校还可以根据具体情况对教师进行"自定等级"，从而鼓励辛勤工作的教师。

2. 推动历史教研活动开展的措施

历史教研活动的开展需要解决两个主要问题，即提升学生自主学习能力和丰富教研活动。针对崇左市 M 中学的情况，笔者提出如下建议：

（1）提升学生自主学习能力。

考虑到学生生源以及学习基础，将课堂完全交给学生、让学生"自主学习"并不现实。但是教师配置在短时间内无法得到明显改善也是事实，所以折中的办法就是"弹性管理"。

"弹性管理"顾名思义就是给学生更多的可以自由支配的时间。教师除去学校规定的每班一周两节常规课、一节自习课之外，剩下的时间交由学生自己支配。鉴于刚开始，学生难免会用自由的时间看课外书或者做一些与学习不相关的事情，教师可以稍微布置一些任务给学生，比如在一定时间内完成相应的任务。完成任务的具体时间安排可以由学生自己掌握，只要在规定时间内完成即可。然后根据学生每次任务完成的情况作出相应的调整，从而逐步培养学生自己支配时间的能力。学生在完成任务的同时，也逐渐学会自主式学习。

（2）丰富教研活动。

①开展"主题式教研"。

主要是针对教师在教学实践过程中遇到的困难，或是围绕学生在历史学习中遇到的难点进行。针对 W 同学的教研活动就属于这种类型。

②进行"课例研讨"。

一次完整的"课例研讨"需要一个明确的主题、一份具有代表性的个案、有现实意义，通过一位教师多轮实践才能完成。W 老师的"比赛备课"可以算是其中一种表现形式。

③完成"课堂教学研究"。

根据最初实践过的教学设计，在加入新的教学理念之后生成新的教学设计，并再次用于实践，形成一个新的教学设计。但是要注意的是在此过程中实践教师自身的教学反思、教研组同伴的建议以及专业教师、学者的引领。

④重视"校本教研"。

"校本教研"是当下比较受追捧的教研模式。针对崇左市 M 中学的发展现状，"校本教研"还有更多的发展空间。

首先，利用具有学校特色的"341 平板加平台"完成技术向实践的转变。每一位教师都要重新接受新式教学技术的培训，以考核的方式，强力推广这一平台的使用。教师在教学实践的过程中，可以针对平台的使用现状提出建议和改进措施，从而完善该平台的功能。

其次，培养研究状态。教研活动不是简单地同学科教师坐在一起开个会，而是进行有针对性的研究活动。无论是对现实问题的反思，还是对理论概念的解读，都应该成为教研活动的重要内容。近期，该中学就可以针对"历史学科核心素养"等问题进行深入的学习讨论。

再次，重视文化"再造"。无论是先进的教学经验还是理念，任何时候都不能生搬硬套，而要考虑学校发展的现实因素。作为民族地区的中学，所处城市的经济发展水平不高，不能直接将北京、上海、广州等地的教学理念和手段"拿来"；也不能把省会南宁市一些重点中学已经成熟的教学教研策略"拿来"，而是要考虑到学校发展的程度、学生基础以及教师对其的掌握能力等。所以崇左市 M 中学可以利用"341 平板加平台"，立足于民族地区丰富的乡土资源，抓住崇左市"卓越学校建设"的契机，发展属于自己学校特色的高中历史教研活动，从而形成自己的"品牌特色"。

开展结对帮扶，发挥骨干教师的辐射作用。在结对帮扶活动中，经验丰富的老教师对新教师兼带"才"、带"教"又带"研"，使青年教师在比赛中得到发展。同时，强化集体备课，共享集体智慧。历史备课组制定了"五个一"（每周一节教研课制度、每周一次研讨制度、每月一次集体研讨制度、每人均参与一次"导学案教学"模式赛课活动制度、每学期一次"导学案教学"模式展示活动）的校本教研活动制度，切实将"导学案教学"模式的研究引向纵深发展。另外，重阅读，有效提高教师历史人文素养。每月每人争取阅读一本书以上，用书籍来加强教育思想的营养，开启教育智慧。

四、结　语

综上所述，崇左市 M 中学作为一所地处少数民族地区的全日制中学，尽管面临许多现实困难，但是依旧可以从自身情况出发，不断寻找新的发展方向。

这给同类型学校改变教研以及教学现状提供了一个新思路：走适合自己发展的路，创造符合自身特点的发展模式。

在素质教育逐渐普及的今天，崇左市 M 中学的高中历史教研，既取得了一定成效，也存在许多问题；既面临着难得的机遇，也面临着严峻的挑战。

保证课堂教学有效、提高教学水平促进学生发展的教研活动目标的实现不可避免地受到现实情况的制约。以"备赛"为主要形式的教研活动尽管可以帮助教研组取得优异的比赛成绩，但是也改变不了单一教研形式下内容缺失的现状。教研组的管理看似系统，但由于现实状况的不确定性，很难真正落实原本制订好的教研计划，使大量计划只存于纸面而难以付诸实践。教师作为教研活动的基本组成部分，教师职称分布不均，中级教师发展受阻；教师队伍年龄出现"断层"；拥有高层次学历的专业教师不占优势；班级教师配额不合理，教师很难对学生进行针对性辅导；教师在岗进修，以及对新教学理念、手段、方式的学习都处在一个初级阶段，很难内化为教师自身的专业素养。

随着新课程改革浪潮的推进，与崇左市 M 中学同类型的学校获得了新的发展机遇。特别是所处民族地区的优惠政策，为同类型学校的教育发展提供了更多的便利。社会对教育的重视，家长与学生自身认识的提高都成为促进学校教研活动发展的有利外部因素。作为学校的管理者和教研组成员的教师，则需要摆正态度，不能因为个别教师取得好成绩就不再努力，而是要积极改进教研模式、提高问题意识、引进优秀人才、丰富教研活动手段。对于历史学科的态度也要由"小三科"的"不重要"转变为正确认识历史学科在人文素质教育中的基石作用。从意识上正视历史学科的重要性，从而重视历史教研活动的积极影响。

考虑到学校学生数量与教师数量，高一年级的学生每周人均只拥有历史教师几分钟的针对性指导是远远不够的。在学生学习基础很难做出巨大改变的现状下，唯有增加教师配备方能有效解决这一问题。对于"人才难留"的现况，学校不仅需要用"编制"保障，更需要用"物质"做基础，给教师一个自由发展的空间。

作为学校的管理者，要弹性管理，不能用"高压"的方式压榨学生的学习时间。在教师配置问题得到妥善解决之前，应该大力培养学生的自主学习能力。其中很重要的一点就是"还时间给学生"，充分相信学生，帮助学生，发挥好教师对学生培养学习能力的引导作用。不再用更多的理由"侵占"学生的自习时间或用小组学习代替"一言堂"，从而真正培养学生的自主学习能力。

明确"适应＋发展"的定位，可以更好地为历史教研组的发展提供前进的方向；"梯形"教师团队，可以保证历史教研组有源源不断的发展动力；"进修、教研、互助、评价"相结合的制度体系，为历史教研组的发展提供了制度保障；"教师发展规划"的实施，可以有效解决历史教研组人才储备不足的问题；优化教师专业生活，可以提升历史教师的理论水平。除此以外，建立教师成长"档案袋"、成立"知名教师工作室"、利用"互联网＋"和"大数据"作为基础的教研建设，更是与时俱进的促进教研组建设的好办法，可以结合各地各校实际加以运用。

参考文献

[1] 张行涛. 校本教研的理论与实践［M］. 天津：天津教育出版社，2005.

[2] 王永和. 教研组建设简论［M］. 上海：华东师范大学出版社，2008.

[3] 张剑杰. 中小学教研组建设［M］. 南京：南京师范大学出版社，2010.

[4] 周小山，严先元. 教研的学问［M］. 成都：四川大学出版社，2010.

[5] 雷树福. 教研活动概论［M］. 北京：北京大学出版社，2009.

[6] 李植，李燕. 课程改革中重建教研文化［N］. 中国教育报，2003 – 04 – 19.

[7] 刘明华，王必闩. 教研组建设现状及功能思考［J］. 上海教育科研，2008（4）.

[8] 舒仁彪. 中学合作教研的探究：以鄱阳县城中学为例［D］. 南昌：江西师范大学，2006.

[9] 刘群英. 我国中小学教研组研究：从历史发展的角度［D］. 上海：华东师范大学，2007.

[10] 肖必勇. 普通高中学习型历史教研组建设的策略研究：以广东省中山市第一中学高中部历史教研组为例［D］. 重庆：重庆师范大学，2012.

[11] 龚兴英. 中小学教师教研活动研究［D］. 重庆：西南大学，2014.

崇左市高中历史教师专业生活状况调查研究

屈冠廷

"教师专业生活"一般是指教师在特定的教育环境和自己的专业领域内，通过持续性的学习、思考和教育活动，提升自己的专业发展水平，并运用所获得的专业素质促进学生全面发展的创造性思维和创造性实践过程。[①] 其最关键的要素有三点：教学活动的持之以恒、学习活动的持续性和反思活动的连贯性。本文以崇左地区若干高中历史教师为例，对其专业生活状况进行调查分析和反思，以期为中学教育界同仁提供参考。

一、教师日常工作和教学状况调查分析

笔者针对崇左市高中历史教师设计和发放了调查问卷。崇左市高中历史教师有300位左右，本次调查问卷设计了50份，随机发放50份，回收50份，回收率为100%，满足做调查研究时被抽取的样本容量要占调查对象总体10%以上的要求。为进一步印证问卷调查的结果，笔者随机访谈了不同学校的若干位历史教师，得出的结果基本一致。现将教师日常工作和教学状况调查做如下分析。

（一）每周工作情况

1. 整体情况

主要从三个维度进行调查：每周工作情况维度，包括每周课时量、每天在校时长和每天从事教研时长；周末工作安排维度，包含备课、批改作业或试卷、在学校上课、在学校辅导学生、家访、其他等；每周会议或行政时长维度。

（1）每周工作情况方面，4%的教师每周课时量在6节以下，22%的教师每

---

① 王卫东. 教师专业生活的理论阐释：以日常生活批判理论为参照 [J]. 教育观察，2013，2 (18)：21 – 28.

周课时量在 6～10 节，74% 的教师每周课时量在 10 节以上。每天在校工作时间方面，18% 的教师每天在校工作 8 小时，52% 的教师每天在校工作 8～10 小时，30% 的教师每天在校工作 10 小时以上。每天从事教研活动时长方面，10% 的教师每天从事教研活动 1 小时以下，48% 的教师每天从事教研活动 1～2 小时，42% 的教师每天从事教研活动 2 小时以上。

（2）周末工作安排方面，80% 的教师需要备课，58% 的教师需要批改作业或试卷，62% 的教师需要在学校上课，24% 的教师需要在学校辅导学生，20% 的教师有其他安排如继续教育学习、接受培训等。

（3）每周会议或行政时长方面，28% 的教师每周在会议或其他行政事务上花费 1 小时以下，54% 的教师每周在会议或其他行政事务上花费 1～2 小时，18% 的教师每周在会议或其他行政事务上花费 2 小时以上。

2．教龄与每周工作情况

通过走访和调查（从回收的问卷情况看，教龄不足 12 年的和教龄 12 年及以上的教师比例为 22∶28，两者人数相差不多），笔者发现一个有趣的现象，即 12 年的教龄是一个分水岭，很多学校据此对教师进行工作安排。为行文方便，以 A 类指代教龄 12 年以下的教师（下同），以 B 类指代教龄 12 年及以上的教师（下同）。详情见表 1：

表 1　教龄与每周工作情况

		A 类教师	B 类教师
每周课时量	6 节以下	4.17%	3.85%
	6～10 节	20.83%	23.08%
	10 节以上	75.00%	73.08%
每天在校工作 10 小时以上		45.83%	15.38%
每天教研活动在 2 小时以上		45.83%	38.46%
周末工作安排	备课	83.33%	76.92%
	批改作业或试卷	66.67%	50%
	在校上课	62.50%	61.54%
	在学校辅导学生	20.83%	26.92%
	其他	16.67%	23.08%
每周行政事务花费 2 小时以上		20.83%	15.38%

以上不难看出，教龄的不同，对于每周课时量和周末工作安排上差异不大，但是每天在校工作、每天从事教研活动和每周行政事务上，A 类教师要高于 B

类教师。

3. 性别与每周工作情况

我们通过调查发现,在每周工作情况方面,男女教师各有侧重,在校工作时长、周末在校上课、行政事务处理等方面男性教师所花费的时间比女性教师要多;在承担课时量、教研活动、周末批改作业或试卷上,女性教师所花费的时间比男性教师要多。详情见表2:

表2 性别与每周工作情况

		女教师	男教师
每周课时量 10 节以上		80.77%	66.67%
每天在校工作 10 小时以上		19.23%	41.47%
每天教研活动在 1 小时以上		92.31%	87.5%
周末工作安排	备课	80.77%	79.16%
	批改作业或试卷	61.54%	54.17%
	在校上课	57.69%	66.67%
	在学校辅导学生	15.38%	33.33%
每周行政事务花费 2 小时以上		7.69%	29.17%

4. 学校类别与每周工作情况

问卷调查显示,市区教师承担课时量要小于县区教师,但是市区教师在行政事务投入、教研活动的投入上要比县区教师多,从而导致在校工作时间要比县区教师长。说明县区教师更加专注于学校教学工作,承担课时量也更大,而市区教师除了肩负教学任务外还要投入不少时间到教研活动和行政事务处理上。详情见表3:

表3 学校类别与每周工作情况

		市区教师	县区教师
每周课时量 10 节以上		63.64%	82.14%
每天在校工作 10 小时以上		40.91%	21.43%
每天教研活动在 2 小时以上		50.00%	35.71%
周末工作安排	备课	81.82%	78.57%
	批改作业或试卷	68.18%	50.00%
	在校上课	31.82%	85.71%
	在学校辅导学生	27.27%	21.43%
每周行政事务花费 2 小时以上		31.82%	7.14%

5．职称与每周工作情况

问卷调查显示，中学一级教师在承担课时量和在校工作时长上要高于中学高级教师和中学二级教师，而在从事教研活动和周末工作安排上，则是中学二级教师投入时间比较长。在每周行政事务处理上，中学二级教师投入时间要比中学一级教师高，中学高级教师要比中学二级教师高。中学一级教师是学校的中坚力量，承担了最大的课时量，同时在校工作时间最长。而中学二级教师工作热情高，周末工作安排也最丰富饱和，同时中学二级教师课时量承担较小，导致其在行政事务上花费的时间较多。而在周末工作安排上，可以发现中学高级教师的安排不如中学一级教师安排得饱和，而中学一级教师亦不如中学二级教师安排得饱和。详情见表4：

表4　职称与每周工作情况

		中学一级教师	中学二级教师	中学高级教师
每周课时量 10 节以上		86.75%	57.14%	68.75%
每天在校工作 10 小时以上		40.00%	35.75%	18.75%
每天教研活动在 2 小时以上		40.00%	50.00%	45.75%
周末工作安排	备课	71.32%	77.85%	69.35%
	批改作业或试卷	68.55%	76.38%	50.85%
	在校上课	55.35%	66.45%	46.15%
	在学校辅导学生	23.55%	35.00%	20.88%
每周行政事务花费 2 小时以上		66.67%	71.43%	75.00%

综合以上各种因素可知：①教龄在 12 年以下的、学校在县区的、职称为中学一级的女性教师承担课时量最大，而教龄在 12 年及以上的、学校在市区的、职称为中学二级的男性教师承担课时量最小；②教龄在 12 年以下的、学校在市区的、职称为中学一级的男性教师每天在校工作时间最长，而教龄在 12 年及以上的、学校在县区的、职称为中学高级的女性教师每天在校工作时间最短；③教龄在 12 年以下的、学校在市区的、职称为中学二级的女性教师每天教研活动投入时间最长，而教龄在 12 年及以上的、学校在县区的、职称为中学一级的男性教师每天教研活动投入时间最短；④教龄在 12 年以下的、学校在县区的、职称为中学二级的男性教师在周末安排工作最多，而教龄在 12 年及以上的、学校在市区的、职称为中学高级的女性教师在周末安排工作最少。

（二）教学和教学反思现状调查分析

1. 整体情况

崇左市高中历史教师中，有26.00%的教师"总是"能对学生的问题做出简洁回答，而70.00%的教师"经常"能做到简洁回答，只有4.00%的教师"从未"简洁回答。在受访的教师中，100.00%的教师都采用闭卷考试的形式进行教学测评。而在备课时，34.00%的教师表示着重考虑学生的能力和兴趣，38.00%的教师表示着重考虑课程标准和考试标准，28.00%的教师表示着重考虑课程资源整合利用。大部分教师能做到"经常"或"有时"质疑和反思自己的教学方式和教学目标的合理性及科学性、同学生交流听课效果、写教学反思。有一部分教师"很少"同教研员讨论教学问题。详情见表5：

表5　教师教学的整体情况

	经常	有时	很少
质疑和反思自己的教学方式和教学目标的合理性及科学性	34.00%	62.00%	4.00%
同教研员讨论教学问题	28.00%	48.00%	24.00%
同学生交流听课效果	28.00%	68.00%	4.00%
写教学反思	22.00%	74.00%	4.00%

2. 教龄对教师教学现状的影响

（1）教龄12年以下的教师中25.00%的教师"总是"能对学生的问题做出简洁回答，其余75.00%的教师能够"经常"做出简洁回答。但教龄12年及以上的教师这两项比例分别为26.92%和65.38%，另外还有7.70%的教龄12年及以上的教师"从未"对学生的问题做到简洁回答。

（2）有38.46%的教龄12年及以上的教师"经常"质疑和反思自己的教学方式和教学目标的合理性及科学性，而这一比例在教龄12年以下的教师中仅为29.17%。

（3）同教研员讨论教学问题方面，教龄12年及以上的教师在"经常"和"有时"的选择上分别是26.92%和53.85%，而教龄12年以下的教师在这两项的选择为29.17%和41.67%。

（4）同学生交流听课效果方面，34.83%的教龄12年及以上的教师会经常和学生交流听课效果，而这一比例在教龄12年以下的教师中仅为20.83%。

（5）写教学反思方面，教龄12年及以上的教师在"经常""有时""很少"三个选项上分别为23.08%、73.08%、3.84%。而教龄12年以下的教师在这三项的选择比例分别是20.83%、75.00%、4.17%，整体略低于教龄12年及以上的教师。

3. 性别对教师教学现状的影响

从性别的角度来看，"总是"在教学过程中对学生的问题做到简洁回答的男教师比例略高于女教师，而"经常"在教学过程中对学生的问题做到简洁回答的男女教师比例很接近。男教师对自己的教学方式和教学目标的合理性及科学性的反思意识较强，男教师经常写教学反思的比例略高于女教师。女教师更喜欢同教研员讨论教学问题，而男教师更多的是经常同学生交流听课效果。详情见表6：

表6　性别对教师教学现状的影响

		女教师	男教师
在教学过程中对学生的问题做到简洁回答	总是	23.08%	29.17%
	经常	69.23%	70.83%
	从未	7.69%	0.00%
经常质疑和反思自己的教学方式和教学目标的合理性及科学性		23.08%	45.83%
同教研员讨论教学问题	经常	34.62%	20.83%
	很少	19.23%	29.17%
经常同学生交流听课效果		23.08%	33.33%
经常写教学反思		19.23%	25.00%

4. 学校所在地对教师教学现状的影响

调查显示县区教师在回应学生、教学反思、教学研究等方面均优于市区教师。如表7所示：

表7　学校所在地对教师教学现状的影响

	市区教师	县区教师
总是在教学过程中对学生的问题做到简洁回答	18.18%	32.14%
经常质疑和反思自己的教学方式和教学目标的合理性及科学性	22.73%	42.86%
经常同教研员讨论教学问题	18.18%	35.71%
经常同学生交流听课效果	18.18%	35.71%
经常写教学反思	4.55%	35.71%

5. 职称对教师教学现状的影响

（1）在教学过程中是否对学生的问题做到简洁回答方面，中学高级教师和中学一级教师"总是"能简洁回答的比例分别为31.25%和33.33%。而中学二级教师在这一选项的比例仅 7.14%。

（2）在质疑和反思自己的教学方式和教学目标的合理性及科学性方面，中学高级教师和中学一级教师选择"经常"的比例分别达到 37.50% 和 46.67%。而中学二级教师在这一选项上的比例仅 7.14%。

（3）在同教研员讨论教学问题方面，选择"经常""有时""从不"的中学高级教师比例分别为 25.00%、56.25%、18.75%，中学一级教师比例分别为 26.67%、46.67%、26.66%，中学二级教师为 21.43%、42.86%、35.71%。

（4）在同学生交流听课效果方面，中学高级教师"经常"同学生交流的比例达到 43.75%，中学一级教师这一比例为 26.67%，而中学二级教师比例仅为 7.14%。

（5）在写教学反思方面，中学高级教师有 31.25% 的比例选择"经常"写教学反思，而中学一级教师有 20.00% 的比例，但中学二级教师中没有教师经常写教学反思。

据观察，市区教师的教学现状，相对于县区教师来说好很多。在崇左市举办的高中历史教师研讨会中，笔者有幸听了来自崇左市两所高中的历史教师的授课。相较于县区高中的老师，这两名分别来自 M 中学和 G 中学的教师在课堂上同学生互动的环节更多。因此，所带来的结果就是，学生更容易被这两位老师的课所吸引。课后笔者问及这两位老师关于教学反思、教学现状的问题时，两位老师分别给出了如下答案。

M 中学的 H 老师说："我们学校是新办的学校，在各个方面对老师的要求还是很严格的。我们的学生主要是来自全市各个地区中考成绩在 A 级及以上的学生，学生的基础素养较好，所以我们并不担心学生的学习能力。而且，我们的老师也都是一些很有教学经验的老师，并且对新入职老师也有相当程度的培训。通常来说，每周我校教研组都要对我们这一周的教学情况进行集体反思，并且会经常和教研员进行互动。而且，我校的教学设备在全市都处于先进的状态，就教学现状而言，这不仅对学生的学习有所帮助，对教师的教学过程也大有助益。"

而 G 中学的 I 老师提到，G 中学的主要竞争对手就是 M 中学，G 中学的高中生源同样也是来自该地区成绩较好的学生，G 中学的历史教研组也会经常在一起进行反思，改进教学方式，同样也会同教研员进行交流。这次的研讨会就是一个跟教研员交流的好机会。

通过上述分析可以发现，教龄越长、职称越高的教师对于教学改进的意愿越强烈且措施较多，能从自我反思、同教研员讨论、同学生交流、写教学反思四个方面对教学进行改进，而教龄短、职称低的年轻教师在这四个方面明显不如年长教师。县区教师有更强的意愿从上述四个方面进行改进，面对不少基础较差且有着"读书无用论"思想的学生，县区老师在教学反思、教学的方式方法等方面都做了很大的改进，努力适应学情，因材施教。但是不少教师并不能和学生进行平等的沟通，更多的则是对学生采取高压态势，而这种情况若不改变，与学生的有效沟通将大打折扣，当然也就很难听到学生对于教师教学改进方面的建议。

二、教师终身学习和工作满意度、成就感调查分析

教师专业生活包括终身学习、职业认同和反思等方面，终身学习在现实中体现在继续教育、专业阅读、教研、技术学习等方面，职业认同和反思主要体现在对工作的满意度、成就感等方面。具体情况如下。

（一）教师终身学习调查分析

1. 整体情况

教师继续教育按培训地点划分主要包括校内培训（校本研修）和校外培训。校内培训主要是指大部分培训内容可以在校内完成的培训，如：教研室活动，组织教师在校观看学习课标、教材、先进教学方法以及优秀教师授课案例并讨论；校外培训主要是指培训内容在校外完成的培训，如国培、省（区）培、学校组织参与或个人自愿参加的在校外举行的各项培训及研讨会。继续教育实际上是终身学习的一部分。

（1）受访教师中，48.00%的教师近3年来仅有不超过3次的提高自身业务能力的学习机会，38.00%的教师为3～5次，而5次以上的比例仅为14.00%。不过他们（100.00%）都认为进修活动对自己教学是有帮助的。

（2）崇左市高中历史教师每年有阅读计划的达到84.00%，而50.00%的教师每年阅读计划为1～3本，32.00%的教师为每年4～6本，18.00%的教师每年7本以上。受访的教师中，46.00%主要阅读纸质书，而54.00%主要阅读电子书。70%的教师表示对历史类书籍感兴趣，而对教育类和小说类感兴趣的教师比例分别为14.00%、16.00%。

（3）在参加科研活动方面，有8.00%的教师参加过国家级科研活动，有26.00%的教师参加过省区级的科研活动，市级的有36.00%。在论文发表方面，56.00%的教师发表过论文，最多的一位为12篇，最少的为1篇。而在发表过论文的教师里，平均发表论文2.89篇，25.00%的教师发表的论文最高等级为国家级，60.71%的教师发表的论文最高等级为区级，其余14.28%为市级。

（4）在学校是否专门培训过教师使用多媒体等先进教学手段方面，70.00%的教师表示学校专门培训过，而30%的教师表示没有专门培训过。在使用多媒体等手段教学的频率上，46.00%的教师称使用频率为80%～100%，42.00%的教师使用频率为50%～80%，12.00%的教师使用频率在50%以下。18.00%的教师表示对于多媒体的使用非常熟练，72.00%的教师表示较熟练，而一般熟练的教师占10.00%，没有教师反映不会使用多媒体。在多媒体教学和传统教学喜好对比上，54%的教师表示偏好多媒体教学，44.00%的教师表示偏好两者结合，仅2.00%的教师表示偏好传统教学。

对于多媒体教学存在的弊端，90.00%的教师表示多媒体教学信息量过大，学生记不住；36.00%的教师表示多媒体教学使学生无法集中注意力。

2. 教龄对终身学习的影响

无论A类教师还是B类教师都表现出比较强的终身学习的意识和行动。在A类教师中，有37.50%的教师近3年参加过3次以上的培训，大部分每年都有阅读计划，其中有25.00%的教师每年阅读量在6本以上，另有33.33%的教师阅读量在3～6本，超过一半的教师对历史类的书籍更感兴趣，有33.33%的教师参加过省区级教研活动。在B类教师中，65.38%的教师近3年参加过3次以上培训，有阅读计划的教师比例略低于A类教师，同时阅读量也略少于A类教师，对历史类书籍感兴趣的略少于A类教师，但是对教育类书籍感兴趣的则多于A类教师，同时，参与国家级教研活动的比例高于A类教师。总体而言，B类教师在终身学习的意识和行动上优于A类教师。详情见表8：

表8　教龄对终身学习的影响

		A 类教师	B 类教师
近3年参加培训	3～5次	29.17%	46.15%
	5次以上	8.33%	19.23%
阅读	有阅读计划	87.50%	84.62%
	有阅读计划者阅读数量6本以上	25.00%	11.54%
	有阅读计划者阅读量3～6本	33.33%	30.77%
	偏好阅读纸质书	45.83%	46.15%
	对历史类书籍感兴趣	57.58%	50.00%
	对教育类书籍感兴趣	24.24%	43.75%
教研活动	国家级	0	7.69%
	省区级	33.33%	19.23%

学校专门培训教师使用多媒体方面，A 类教师仅 58.33% 的教师表示学校有培训过，而对比 B 类教师这一比例则为 80.77%。在使用多媒体频率分别是"80% ~ 100%" "50% ~ 80%" "50% 以下"这三项中，A 类教师比例分别为 54.17%、41.67%、4.17%，而 B 类教师比例则分别为 38.46%、42.31%、19.23%。在使用多媒体熟练程度上，A 类教师选择非常熟练和较熟练的比例为 16.67%、79.17%，而 B 类教师在这两项的比例为 19.23%、65.38%。

3. 性别对教师终身学习的影响

从性别角度看，女教师参加的培训次数远低于男教师，在阅读量上女教师同样低于男教师，不过，女教师更喜欢阅读教育类的书籍。具体情况见表 9：

表 9　性别对教师终身学习的影响

	女教师	男教师
近 3 年参加培训 5 次以上	7.69%	20.83%
有阅读计划	84.62%	87.50%
阅读数量 6 本以上	15.38%	20.83%
阅读量 3 到 6 本	30.77%	33.33%
偏好阅读纸质书	46.15%	45.83%
对历史类书籍感兴趣	53.13%	54.55%
对教育类书籍感兴趣	40.63%	27.27%

男性教师在参加科研活动等级的分布上和女性教师相仿，但是男性教师未参加过科研活动的为 20.83%，而女性教师为 30.77%。

男性教师接受过学校关于使用多媒体的专门培训的比例为 79.17%，而女性教师这一比例为 61.54%。男性教师使用多媒体上课的频率低于女性教师，有 20.83% 的男性教师使用频率低于 50%，而女性教师这一比例仅为 3.85%。同样在多媒体使用熟练程度上，有 16.67% 的男性教师熟练程度为"一般"，而对比女性教师这一比例仅为 3.85%。男性教师更多喜欢上课使用多媒体教学和传统教学相结合（58.33%），而女性教师更喜欢使用多媒体教学（69.23%）。

4. 学校所在地对教师终身学习的影响

从问卷反映的情况来看，市区教师有较多的学习活动和教研活动，而县区教师阅读量略多于市区教师。喜欢读历史类书籍的县区教师较多，而喜欢读小说类书籍的市区教师较多。详情见表 10：

表10　学校所在地对教师终身学习的影响

		市区教师	县区教师
近3年来参加提高自身业务能力的学习活动	3～5次	45.45%	32.14%
	5次以上	18.18%	10.71%
每年有阅读计划		81.82%	89.29%
每年读书6本以上		18.18%	17.86%
每年读书3～6本		27.27%	35.71%
偏好阅读纸质书		59.09%	35.71%
阅读兴趣	历史类	50.00%	57.58%
	教育类	34.38%	33.33%
	小说类	15.62%	9.09%
教研活动	从未参加	13.64%	35.71%
	参加过国家级	4.55%	3.57%
	参加过省区级	50.00%	7.14%

在学校是否培训过如何使用多媒体教学的比例上，市区教师选择"是"的比例为68.18%，略低于县区教师的71.43%。在使用多媒体教学的频率上，市区教师在"80%～100%""50%～80%""50%以下"这三项的比例分别为63.64%、31.82%、4.54%，而县区教师这三项的比例分别为32.14%、50.00%、17.86%。在熟练掌握多媒体教学的程度上，市区教师和县区教师差别不大，掌握程度"一般"的比例分别为9.09%和10.71%。

而在多媒体教学和传统教学偏好上，市区教师对于多媒体教学、传统教学、两者结合的偏好比例分别是45.45%、4.55%、50.00%，而县区教师这三项的比例却达到60.71%、0.00%、39.29%。出现这种情况与之前的调查结果相呼应，多媒体教学的便利性，对于没有多少空余时间的县级高中教师来说简直就是福音，在没有过多时间备课的情况下，多媒体课件的出现可以将大量的资源进行整合，并可以视情况将其用于教学之中，这相比传统教学有着无法企及的优势。

5. 职称对教师终身学习的影响

中学二级教师每年有阅读计划的比例最高。从阅读量上看，中学一级教师每年阅读6本以上的比例最高，而每年阅读1～3本的比例最高的是中学高级教师，同时中学高级教师无人达到 6 本以上的阅读量。中学一级教师参加教研活动最积极，参加过国家级和省区级教研活动的教师比例均超过了中学二级教师和中学高级教师。详情见表 11：

表 11　职称对教师终身学习的影响

		中学一级教师	中学二级教师	中学高级教师
每年有阅读计划		86.67%	92.86%	81.25%
每年阅读数量	1~3 本	46.66%	35.71%	81.25%
	4~6 本	24.67%	42.86%	18.75%
	6 本以上	28.67%	21.43%	0.00%
阅读媒介偏好	纸质书	53.55%	42.86%	43.75%
	电子书	46.45%	57.14%	56.25%
近 3 年来参加提高自身业务能力的学习活动 5 次以上		6.67%	14.29%	18.75%
参加教研活动	国家级	6.67%	0.00%	0.00%
	省区级	33.33%	28.57%	25.00%
教学方式偏好	多媒体教学	46.67%	57.14%	50.00%
	多媒体教学和传统教学相结合	53.33%	42.86%	50.00%

在学校是否专门培训过教师使用多媒体教学上，75.00% 的中学高级教师表示学校专门培训过，而中学一级教师为 66.67%，中学二级教师为 71.43%。在使用多媒体教学频率上，中学高级教师在"80%~100%""50%~80%""50%以下"这三项的比例分别为 31.25%、37.50%、31.25%；而中学一级教师三者比例分别为 46.67%、46.67%、6.66%；中学二级教师则更加倾向于使用多媒体教学，这三项的比例分别为 64.29%、35.71%、0.00%。在多媒体教学使用熟练程度上，仍有 18.75% 的中学高级教师表示熟练程度为"一般"，而中学一级教师和中学二级教师在这一项的比例较为接近，分别为 6.67% 和 7.14%。

在多媒体教学和传统教学偏好上，中学高级教师、中学一级教师和中学二级教师在对多媒体教学、多媒体和传统教学相结合上表现出较大偏好，三类职称的教师在这两项的比例分别为 50.00% 和 50.00%、46.67% 和 53.33%、57.14% 和 42.86%。

为弥补问卷之不足，笔者还访谈了若干有代表性的教师。就继续教育而言，据 L 中学的 E 老师说，每年的财政专项拨款有限，再除去必要的开销之后，真正能用于教师继续教育的费用并不多。因此，学校只能让教师参加费用较少的一些培训，诸如"国培"和"区培"，而且主要以"区培"为主。虽然，这些培训对当地的教师于新课改之后改进教育方式有着十分重要的意义和作用，但仅靠这些培训显然是远远不够的，因为并非每一位教师都能参加这些培训。更多的教师进行继续教育还是靠他们的自觉自愿，比如通过自费的形式购买书籍和利用网络资源进行学习。

现在的网络资源虽然丰富，但是各种非常好且实用的资源多数要收费，比如"中国知网"一年购买费高达上百万元，这实在难为县区中学。在笔者调研期间，崇左市下辖 D 县的 D 中学历史教师正在为他们申请的课题的开题报告绞尽脑汁。当笔者问及他们使用网络资源的情况时，F 老师说，目前 D 中学能用的网络资源只有"中学历史教学园地"等免费网站。这些网站在历史教学设计方面资源较多，但是对查找学术前沿和相关专著则作用有限。今后固然可以指导教师寻找更多免费资源，但是如果学校或者教育部门能购买更多优质资源则更好。

令人欣慰的是，崇左市不论市区还是县区，每年都会举办类似学术交流研讨会的大型会议。笔者有幸在调查期间亲历了一次这样的会议。这次会议主要以赛课、评课的形式出现，其间各位老师的精彩授课和评委老师的精彩点评，着实是此次会议的一大亮点。各位老师百家争鸣，也让笔者感到在经济条件有限的情况下，这些勤奋的人民教师对本职工作、教育理想、学生的负责态度，令人十分敬佩。

在新课改实施的当下，笔者认为新课改的最大亮点就是将现代化教育手段和素质教育相互融合。目前，崇左市各个学校都在积极开展教学手段的更新换代工作。毋庸置疑，就教学手段更新这一方面，市区的中学因资金较为充裕，故而无论是更新速度还是更新后的培训以及设备的维护都优于各县区中学。但 F 县因其地理区位原因，不论是现代化教学手段还是教师继续教育情况都优于其他县区，甚至在某些方面优于崇左市区的学校。但 F 县的情况实属个例，其他各县的情况并不乐观。在访谈中，D 中学的 F 老师、G 老师都先后透露，他们学校也只有所谓的尖子班和高三年级配备了现代化的教育技术手段，其他年级都还处于传统的教学模式状态。而就他们自身而言，除了给毕业班和尖子班上课很少使用现代化的教学手段。当问及为何不能全校配备新型设备时，他们的回答简单明了：没钱。虽然他们表示，该校的大多数教师都完成了使用现代教学手段的培训，但因为设备有限，很多教师掌握的现代教学手段根本没有用武之地。当然，越年轻的教师越愿意使用现代教学手段。

综上调查，教龄 12 年以下的、学校在县区的、中学二级男性教师在每年阅读计划上的比例最高，而教龄 12 年及以上的、学校在市区的、中学高级女性教师在每年阅读计划上比例最低。教龄 12 年以下的、学校在县区的、中学二级男性教师在阅读数量上的比例最高，而教龄 12 年及以上的、学校在市区的、中学高级女性教师在阅读数量上的比例最低。教龄 12 年以下的、学校在市区的、中学一级女性教师在偏好阅读纸质书的比例最高。

教龄 12 年及以上的、学校在市区的、中学高级男性教师能够得到最多参加提升业务能力的学习机会，而教龄 12 年以下的、学校在县区的、中学一级女性教师得到参加提升业务能力的学习机会最少。

教龄 12 年以下的教师虽然没有参加过国家级的科研活动，但是参加省区级科研活动的比例比教龄 12 年及以上的教师高。教龄 12 年以下的、学校在市区的、中学一级男性教师参加省区级及以上的科研活动比例最高，而教龄 12 年及以上的、学校在县区的、中学高级女性教师在这一比例上最低。

（二）教师工作满意度、成就感调查分析

1. 整体情况

本部分主要针对崇左市高中历史教师对工作的满意度和成就感，从职业认同、工作关系、工作压力和续约意愿等方面进行调查分析。

受访的崇左市高中历史教师中获得编制率高达 98.00%，而他们 100.00% 由历史学专业毕业。有 20.00% 的教师是因为教育理想选择了历史教师这一职业，接近 50.00% 的教师是因为个人爱好。只有 6% 的教师认为与同事的关系一般，这说明崇左市高中历史教师与同事的关系是比较乐观的。然而，教师的压力感、焦虑和疲惫感却不容乐观。教师最大的压力源是工作，其次是学生。超过 80% 的教师"经常"或"时常"有焦虑和疲惫感。如果离职的话，优先考虑自由职业或个体户的教师最多，其次是政府企事业单位。同时，不考虑和学校续签合同的教师仅占 10%。详情见图 1：

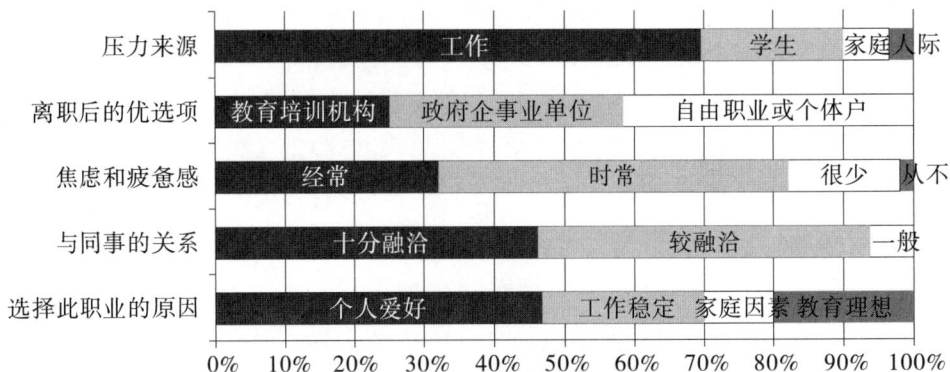

图1　教师对工作的满意度、成就感的情况调查结果

2. 教龄对教师工作满意度、成就感的影响

（1）由上文可知，教龄12年及以上的受访教师和教龄12年以下的受访教师在是否有编制方面和是否历史学专业毕业方面区别不大。

（2）在选择历史教师这一职业的原因方面，教龄12年以下的教师有22.58%的比例是出于教育理想，因为工作稳定而选择历史教师这一职业的教龄12年以下的教师仅有16.13%；对比教龄12年及以上的教师因为教育理想而选择这一职业的比例为17.24%，出于工作稳定考虑的比例高达31.03%。

（3）教龄的长短对于与同事的关系影响不大，教龄12年以下的教师有91.67%认为与同事的关系"十分融洽"或"较融洽"，而这一比例在教龄12年及以上的教师中为96.15%。

（4）焦虑和疲怠感方面，分别有29.17%和41.67%的教龄12年以下的教师"经常"和"时常"有焦虑和疲怠感，29.17%的教龄12年以下的教师"很少"有焦虑和疲怠感。但是教龄12年以上的教师"经常"有焦虑和疲怠感的比例为34.62%。

（5）承受压力方面，在教龄12年以下的教师中有29.03%、9.68%和6.45%的压力分别来自学生、家庭和人际关系，来自工作上的压力为54.84%。而教龄12年及以上的教师中，承受工作上的压力的比例高达85.71%，其余主要是家庭的压力，比例为10.71%。

（6）对于是否考虑续签劳动合同，教龄12年以下的教师100.00%有意愿续签，但教龄12年及以上的教师仅80.77%有意愿续签。

3. 性别对教师工作满意度、成就感的影响

（1）在选择历史教师这一职业的原因中，男性教师是出于个人爱好和教育理想的比例分别为54.84%、19.35%，而女性教师在这两项的比例仅为

37.93%、20.69%。出于工作稳定而选择历史教师这一职业的比例，男性教师为16.13%，女性教师高达31.03%。

（2）在与同事的关系方面，男性教师反映"十分融洽""较融洽"的比例分别为37.50%、58.33%，女性教师这两项比例分别为53.85%、38.46%。

（3）在焦虑和疲惫感方面，37.50%的男性教师表示"经常"有焦虑和疲惫感，而女性教师选择此项的比例稍低，为26.92%。

（4）承受压力方面，男女教师比例分布比较一致，女性教师的压力72.41%来自工作，17.24%来自学生，男性教师这两项比例分别为66.67%、23.33%。

（5）在合同续签意愿上，87.50%的男性教师有意愿续签劳动合同，而女性教师这一比例为92.31%。

4. 学校所在地对教师工作满意度、成就感的影响

（1）市区教师在选择教师职业原因上出于个人爱好、教育理想的比例分别为44.44%、14.81%，县区教师在这两项的比例则分别为48.48%、24.24%。

（2）学校所在地对教师与同事的关系影响不明显，县区教师比市区教师在融洽度上稍高（县区教师选择"较融洽"及以上的为96.43%，市区教师为90.91%）。

（3）27.27%的市区教师"经常"有焦虑和疲惫感，而县区教师的这一比例为35.71%。市区教师在这方面选择"很少"和"从不"的比例分别为18.18%、4.55%，而县区教师在这两项的比例仅为14.29%、0.00%。

（4）市区教师和县区教师承受的压力均主要来自工作，比例分别为70.00%、68.97%。而县区教师表示承受压力来自学生和家庭的比例有24.14%、3.45%，市区教师在这两项比例分别为16.67%、10.00%。

（5）在是否考虑续签劳动合同的选项中，81.82%的市区教师选择考虑续签劳动合同，这一比例低于县区教师的96.43%。

5. 职称对教师工作满意度、成就感的影响

（1）中学高级教师在选择历史教师这一职业的原因上，有56.25%的教师出于个人爱好，12.50%的教师出于教育理想的考虑，18.75%的教师是出于工作稳定。而中学一级教师在这三个选项中的比例分别为33.33%、16.67%、38.89%，而中学二级教师的三个选项比例分别为50.00%、20.00%、20.00%。

（2）中学高级教师在与同事的关系方面，选择"十分融洽""较融洽"的比例分别为50.00%、50.00%，中学二级教师分别也有35.71%、57.14%，而中学一级教师仅为46.67%、40.00%。

（3）焦虑和疲惫感方面，中学高级教师选择"经常"和"时常"的分别为25.00%、62.50%，中学二级教师在这两选项比例均为35.71%，而中学一级教师选择这两选项的比例分别高达 40.00%、53.00%。

（4）在工作压力来源方面，中学高级教师 88.24% 的压力来自工作，其余 11.76% 来自学生。而中学一级教师的压力也主要来自这两方面，比例分别为 68.75%、18.75%。但是中学二级教师的压力来源较分散，52.33% 的压力来自工作，28.75% 的压力来自学生，14.29% 的压力来自家庭。

（5）当劳动合同期满后，中学高级教师选择考虑续签劳动合同的比例仅为 81.25%，中学一级教师在这一比例上稍乐观，为 86.67%。而 100.00% 的受访中学二级教师表示考虑续签劳动合同。

笔者针对上述问题还随机与部分教师进行了访谈，结果与问卷调查一致。比如某县高中的 C 老师向笔者透露，他所承受的压力来自多个方面。由于该校学生基本为住校生，并且很多是留守学生，他所面临的问题更为突出。他打趣说，学校应该给他发 3 倍的工资，因为他现在不仅仅是一名历史教师，而且还是学生的心理教师和生活教师。当我们谈及个人爱好时，他幽默地说，他现在的爱好就是在学校看着学生，只要学生好好的就能给他最大的安慰。而他最为遗憾的是他不能像其他父母一样有大段的空闲时间陪伴自己的孩子。他讲到这里时，笔者明显感到他的语气有些无奈，眼中甚至有一丝泪光在闪动。而这一情况也在他的调查问卷中有所反映。虽然他对这份工作十分满意，这份工作也使他有了足够的成就感，但他面临的现状也确实让他在工作满意度上打了不少折扣。

市区教师的压力则主要来自工作本身。在同崇左市某高中的 D 老师交谈中，他提到他所在的学校 2015 年和 2016 年各申请了一个自治区级的课题和一个崇左市级的课题，但遗憾的是这些课题以及之前他们所发表的论文和获奖的论文，学校在年终绩效考核时均未对此予以绩效考核加分，这打击了他们的工作积极性。另一个学校的课题组同样面临着 D 老师及其同事面临的情况：学校既要求教师申请课题，以提升学校的影响力，但又不愿意为课题组提供充足的资金支持。这也许是因为学校的教育经费紧张，但这样的做法并不能很好地调动教师的工作积极性，相反只会增加他们的工作压力，甚至可能降低他们对于工作的满意度。

综上可知：教龄在 12 年以下的、学校在县区的、中学二级男性教师选择历史教师这一职业更多的是出于教育理想和个人爱好的考虑，而教龄在 12 年及以上的、学校在市区的、中学一级女性教师则更多是出于工作稳定和家庭因素的考虑。

历史教师总体上与同事的关系融洽，但教龄在 12 年及以上的、学校在县区的、中学高级职称女性教师与同事相处得更好。

教龄 12 年及以上的、县区的、中学一级职称男教师的焦虑和疲惫感最强烈，而教龄 12 年以下的、学校在市区的、中学二级职称女性教师对此感受不强烈。教龄在 12 年及以上的、学校在市区的、中学高级女性教师承受压力主要来自工作，而教龄在 12 年以下的、学校在县区的、中学二级男性教师除了承受来自工作和学生的压力外，还需要承受来自家庭、维护人际关系上的压力。教龄越短，教师满意度、成就感就越高。对于教龄短的教师，其承受的压力比教龄长的教师要多元且复杂，不仅需要承受工作上的压力，家庭和生活上的压力也需要承受较多。由于县区的经济社会环境较市区更为简单，生活成本也相对较低，并且这些教师在他们所在的县区也有较高的声望。因此，县区教师在选择历史教师这一职业的原因、与同事的关系、合同续签意愿上都比市区教师更加积极，说明县区教师在工作成就感、满意度上比市区教师更加强烈，但是焦虑和疲惫感、承受的压力要比市区教师复杂多元。

教龄 12 年及以上的、学校在市区的、中学高级男教师在续签意愿上比例不高，而教龄在 12 年以下的、学校在县区的、中学二级女教师续签意愿最强烈。

中学高级教师在选择历史教师这一职业的原因、与同事的关系、焦虑和疲惫感、承受的压力、合同续签意愿上都比中学一级教师要积极，而中学一级教师在大部分指标上也比中学二级教师要积极。由此可见，随着教师职称的上升，教师对于工作的满意度、成就感就越强。

在调查中笔者还发现，不论是市区学校还是县区的学校，近年来历史教师的人才流失率还是很低的，虽然在问卷中有些教师表示不愿意继续从教，并且原因不外乎工作压力较大、薪酬较少等，但问及他们辞职后的打算时，他们的回答更像是想发泄一下心中的无奈，而不是真的想辞职。即使他们中间有同事成功跳槽，这些历史教师仍然不愿意承担跳槽所带来的风险。归根结底，还是因为教师工作的稳定性和较高的社会认可度所决定的。当笔者问及是什么原因支撑着大家的职业认同时，很多教师这样回答："最初，是出于这份工作的神圣性而选择的。到现在，则是出于对这些孩子们负责的心态来支撑我的工作。"

三、教师专业生活存在的问题与对策

（一）教师专业生活存在的问题

通过本次问卷调查及访谈，我们发现如下问题：

1. 教师工作繁杂

崇左市高中历史教师平均每人带四五个班，带班级数量最多的教师 B 老师曾经一个人带了 20 个班级。而班级人数最多的一个班，达到 70 人。班级数量过多直接导致其课时量过多（调查结果显示每周课时量 10 节以上的教师占74.00%）、上课时间过长（调查结果显示每天工作 8 小时以上的教师占82.00%，周末需要安排在学校上课的教师占 62.00%）、辅导学生的工作量过大（调查结果显示周末需要安排在学校辅导学生的教师占 24.00%）。

班级数量过多，班级人数庞大，导致教师在备课上要考虑的因素很多，其在备课上花费的时间也相应过多。这一点在问卷调查结果中也有体现（80.00%的教师周末要安排备课）。

而班级数量和班级人数的庞大又会导致教师批改作业和试卷的时间过多，问卷调查结果显示 58.00% 的教师周末需要批改作业或试卷。

而且，崇左市高中历史教师除了应对日常教学工作以外，往往还需要在学校兼任班主任或其他行政职务（问卷调查显示兼任班主任或校内其他行政职务的教师比例达到 50.00%），为行政事务分摊的精力也非常多（问卷调查显示每周行政事务超过 1 小时的教师比例达到 72.00%）。

并且，相对于市区教师满负荷的工作时间表而言，县区的教师除了要应对上述工作量以及与市区教师同样面临的工作时间过长等问题外，县区的教师还要担负起因严重缺编所导致的超负荷工作量。虽然 B 老师所面临的情况实属极端，但正如前文所言这种情况也非个例。在调查中笔者还发现，L 县虽然只有一所高中，高中历史教师也仅有 5 名，而这 5 名历史教师不仅要完成本职工作，还要像他们的同事一样完成其他的学校下达的任务。由此可见，历史教师的严重缺编，以及学校后勤工作的不完善导致了严重后果。教师每天面临着这些问题，已经有些疲于应付，哪里还有时间和精力去学习呢？他们所带的班级又能有怎样的成绩呢？

2. 教师接受继续教育的机会偏少

调查显示崇左市高中历史教师每年有阅读计划的比例虽达到 86.00%，但是每年阅读书籍偏少（调查显示 50.00% 的教师每年阅读书籍在 3 本以下，而 4~6本的仅占 32.00%），阅读量的短缺表明崇左市高中历史教师自我能力提升还存在较大空间。[①] 而在近 3 年参加的提高自身业务能力的学习次数上，48.00% 的教师在 2 次及以下，平均一年不足一次；而 38.00% 的教师选择 3~5 次，平均一年不足 2 次。教师的业务培训提升机会严重不足，导致其很难继续提升教学能力和教学质量。

---

① 戚锦阳. 欧洲发达国家中小学教师继续教育考察培训的若干启示 [J]. 宁波大学学报（教育科学版），2005，27（6）：61-64.

同样，在访谈过程中，关于培训等方面虽然市区教师较县区教师情况稍好，但对于他们而言这样的机会仍然很少。更加值得关注的是，F 教师和 G 教师所反映的情况——在当前这个信息化的时代背景下，很多教师只能依靠一种网络资源进行工作和研究，这着实让人感到惊讶。过少的信息来源，阻碍了他们的职业发展道路，也限制了他们拓宽视野的渠道，从而使得他们的工作进展总是不尽如人意，正所谓"巧妇难为无米之炊"。

（二）改善教师专业生活的对策

1. 减轻教师的工作压力

在问卷调查中，崇左市高中教师平均每人带四五个班，一个人带 6 个班级以上的情况很普遍，其工作量非常大，导致教学质量不高，教学水平提不上去。因此，笔者建议：

第一，各个学校应该制定相应的措施给教师减负。在调研期间，笔者注意到每个学校都同物业公司签订了合同，学校的安全保卫工作都交由物业公司负责。同样，这种方式也可以运用到诸如学生心理问题辅导以及生活问题上，虽然笔者了解到每个学校都配有相应的心理辅导教师，有些学校还开设了相关的课程，但就目前来看效果有限。学校应适当多招收一些心理教师，或者可以通过已录用的这些心理教师，将学校的部分安保人员特别是寝室管理员培训为非专业的心理辅导员。同时，建议每个年级都设置一到两名专职辅导员或生活教师，协助本年级各班的班主任处理班级事务，协助年级组长完成年级行政事务，从而减轻教师的压力，使得授课的教师更有时间和精力处理教学上的事务，成为一名专职教学的教师。这也实现了"术业有专攻"的目标，既减轻了教师的压力，又能保证学生安全和学校行政事务上的专业分工。

第二，关于薪酬绩效考核问题，建议各学校将教师申报的课题按等级划分，在年终或课题结题当年计入教师或教师团队的年终绩效考核。如此，不仅能提升教师的积极性，更能够打造出一支专业的教师团队，使得教师们的专业能力和学术能力得到锻炼和认可，从而一定程度上减轻教师的工作压力。

第三，呼吁学校所在地的学生家长和社会热心人士，由他们组成志愿者，在闲暇时间对学校的学生管理和学生工作进行帮助，而学校所要做的仅是对志愿者进行招募和甄别。

当然，以上能解决的仅仅是学校行政管理方面的问题，要解决历史教师缺编的问题还是需要当地政府及教育主管部门进行顶层设计，出台更多优惠政策，让崇左市每个高中能够吸引更多更优秀的历史教师，提高教学水平的同时也切实减轻教师的工作量和工作压力，促进崇左市高中历史教师的专业化发展。

2. 给予教师更多培训机会

调查结果显示崇左市高中历史教师的培训机会较少，这使他们在提升教学质量上遇到非常大的瓶颈和障碍。目前不少教师开始尝试微课、慕课、反转课堂等新兴教育方式，但因经费捉襟见肘以及生源素质不高，不少教师对这些教育手段是心有余而力不足。虽然在市区的两所高中已经开始相应的改革试点，但对于大多数的县级中学而言，运用这些手段进行教育仍然是一件任重而道远的事情。对高中历史教师的培训非常必要且刻不容缓。因此，笔者建议：

第一，崇左市教育部门应在每年政府财政预算中对教师培训和学校基础建设、设备更新维护多做预算，同时要求各学校每年培训预算不得少于教育部门制定的预算基数，若当年学校预算超支，超出的费用由学校所在地的教育部门支付。

第二，通过大力宣传，吸引发达地区的人才组成"教师培训志愿者服务队"，对崇左市偏远、贫困地区的教师进行无偿培训，也可以通过网络进行"一帮一"的远程培训项目。

第三，各学校在满足每年的外部培训的同时，通过和兄弟单位建立第三方互联网信息交换平台，使得各个学校的教师能够在互联网上相互学习、交换信息，从而达到学习培训的目的。关于第三方信息交换平台，虽然教师们都建立了QQ群，但那并不是一个专业的学术信息交换平台。因此，笔者建议设立的平台应满足教师们将收集的资料、信息上传，以方便其他历史教师随时参阅和下载的基本需要，而平台运营方也可以适当收取维护费用，以保证平台运营的安全和日常维护。

第四，崇左市若干高中当前正在推进"名师工程"，希望各个中学都能建设自己的"名师资源库"。

第五，各中学应积极引进"外脑"，鼓励教师同全区的各所高校进行积极互动，让崇左地区的高中历史教师能够及时更新史观和教育观，开阔视野，使得各高中历史教师也能够站在历史研究和教育研究的学术前沿。

第六，对于历史教师个人而言，不要满足于甚至坐等学校提供的各项培训服务，而应该利用多种形式，切实开展校本研修，相互探讨问题，解决问题，从而达到培训学习的目的。

3. 给予教师工作上和生活上更多的关怀

调查显示崇左市高中历史教师压力非常大，且压力多来自工作和学生。这种情况非常不利于教师的身心健康，更不用说教师的专业生活。

学校应该更多地关怀教师、尊重教师，更多地认可教师的工作①。学校在重大节假日也应该给予教师更多的慰问和关心，对于刚刚成家的年轻教师，更应该想办法对其生活压力进行排解。因此，笔者建议：

第一，当地教育部门和学校应当相互配合，尽快更新各个高中的陈旧的教学设备。

第二，崇左市各级教育部门，应当按照当地实际情况，结合教师的工作年限，实行带薪休假制度。例如：工作满 10 年但不到 20 年的教师可带薪休假 10 天（带薪休假不得等同于《劳动法》中的工龄假）。

第三，各地学校可以在不违反有关规定的前提下，组织各高中历史教师开展爱国主义、廉政教育参观学习，资助一些必要的调研，也可以让各位历史教师更加深入地了解本土历史资源，丰富各位历史教师的备课资料库，为他们今后的工作提供帮助。

第四，加强学校领导同教师的互动机制，尽可能多地为教师的工作、学习、生活提供帮助。

4. 优化教师专业发展

（1）制订教师发展规划。

教师发展规划的制订可以有效解决教师人才储备不足的问题。针对崇左市 M 中学高中历史教研组教师结构不理想的状况，制订一份从教师、学校实际情况出发的"教师发展规划"十分必要。对于刚入职的教师，"师傅带徒弟"是提升新教师专业技能最有效的方法，例如该校的 H 老师"带徒"Y 老师、Z 老师等；让新教师做"班主任"，则可以帮助他们完成"学校的学生"到"学校的老师"这一角色的转换。对于有 3~5 年经验的教师，则可以培养其独立的教学能力，并且可以开始"带徒弟"。对于已经自成风格的骨干教师，则需要发挥其优势，利用其在教研组其他教师中的影响力，促进教研组整体教学、科研水平的提升。尽管现在的崇左市 M 中学没有"知名教师"，但是可以通过聘请同领域专家学者或是有教育特色的教学名家做"外聘名师"，从而提升教研组教师的整体水平。

（2）重视日常发展。

创造条件促进教师教育日常化、生活化和学习群体化。教育最终是要帮助人更好地生活，教育者自己积极乐观的生活能促进教育健康持续发展。作为一名教师，从日常生活中也可以感受到教育的力量。从笔者的调查中看，很多教

① 范士龙．教师关怀的生活样态研究：基于教师"陶里"往来书信的生活史研究（1963—1998）［D］．长春：东北师范大学，2013.

师已经成家，如果通过平时和自己孩子的相处来印证相关教育学理论，则有"一举两得"之效。

教师因其工作特性，会在无形中形成一个"专业共同体"，主要的表现形式有同学科教研组、备课组等。与有相似或相同工作背景的"同伴"共同学习，对于教师专业水平的提升是很有助益的。为了更好地帮助"同伴"，同组内的每位教师都应该积极投入。设立"轮值组长"则是可以调动同组教师参与教研活动的有效方法。通过事先选择"轮值组长"，根据规定好的教研主题和程序，然后分配任务，这样一来就可以最大可能地调动每位教师参与教研活动的积极性。换言之，教研活动帮助教师形成"同僚"，真正开始对教师的专业生活提供积极的促进作用。

5. 营造平等的师生关系

笔者调查发现，教师的工作压力最终会通过教师的工作传到学生身上，教师希望学生听话、认真，但通常不得要领，进而以高压态势对学生产生压力传导。因此，笔者建议：

第一，在完成教师减压工作的同时，在学校建立师生交流沟通平台，引导师生以一种平等的姿态进行沟通和交流，让师生之间形成亦师亦友的关系。

第二，鼓励学生对教师的问题进行反馈，鼓励学生敢说、能说真话。同样，教师也要虚心接受学生的建议和意见。虽然，学校会做一些由学生填写的对教师的教学意见表，但通常学生并不会说出真心话。因此，可以让学生通过网络平台对教师进行匿名评分，这样教师无法通过笔迹来猜测是哪位学生的评分，从而消除了学生害怕得罪教师的顾虑。由此，改善师生之间的交流，使得教师能够更好地进行教学反思和改进。

四、结 语

集生活、教学、终身学习、职业认同、专业成长于一体的专业生活是教师专业生活的最主要组成部分，对此进行调查和分析，可以让我们全面了解教师的生存状态和发展前景。本文调研的虽然是崇左市部分中学历史教师的情况，但是一定程度上反映了很多同类地区甚至全国很多地区的状态：教师专业生活的大部分时间都耗费在写教案、做课件、上课、批改作业或试卷、辅导学生、参加会议、行政事务上，而用在自我学习、业务提升上的时间过少。当然，备课上课、开展教研活动本身也是一种重要的学习，但是停下脚步专门开展专业研修是必不可少的。

制约教师专业生活的主要因素是经济条件、管理制度、教师本身和学生素质等。正如很多类似地区一样，造成崇左市高中历史教师专业生活这一现状的原因是多方面的，首先，受限于崇左市的经济发展水平，设备和教育理念的更新不到位；其次，受制于学生素质，很多先进思想和方法无法达到预期的效果；最后，受制于各校的师资力量和一些具体政策，相当一部分高中历史教师疲于应对工作，很难集中精力专注教学研究和自身素养的提高。

解决这些问题，需要对症下药，动员多方面的力量来共同参与、综合解决。在经济条件和学生素质短期内得不到根本改观的情况下，教育部门和学校的政策优惠以及教师自身的努力，是优化教师专业生活、保障教师合法权利、促进教师全面发展的可行性途径。教师走出去、专家请进来，脚步停一停、探索不间断，寓学于教、校本研修，都是可以做到的。值得一提的是崇左中学推行"名师工程"，以名师带出更多的优秀教师肯定是一个较好的办法。目前崇左地区的中学也在探索一些能够提高教师专业素养的办法，如选派教师到崇左、南宁、贵港等地观摩课程，参加公开课比赛，每个月教师在学校轮流上公开课，加强教研活动，集体申请课题等，这些做法值得加强和推广。

参考文献

[1] 李菲. 二战后美国教师专业化发展研究 [D]. 西安：陕西师范大学，2003.

[2] 郝敏宁. 影响教师专业发展的因素分析——兼论促进教师专业发展的策略 [D]. 西安：陕西师范大学，2007.

[3] 陈萍. 教师专业发展之道：我的教育叙事与生命感悟 [M]. 北京：人民教育出版社，2008.

[4] 朱旭东. 教师专业发展理论研究 [M]. 北京：北京师范大学出版社，2011.

[5] 胡惠闵，王建军. 教师专业发展 [M]. 上海：华东师范大学出版社，2014.

[6] 王卫东. 教师专业生活的理论阐释：以日常生活批判理论为参照 [J]. 教育观察，2013，2 (18).

[7] 崔汝冠. 中学历史教师专业发展途径研究 [D]. 济南：山东师范大学，2013.

[8] 范士龙. 教师关怀的生活样态研究：基于教师"陶里"往来书信的生活史研究（1963—1998）[D]. 长春：东北师范大学，2013.

[9] 王爱玲. 中学历史教师专业发展调查与研究：以乳山市中学历史教师培养培训为中心 [D]. 烟台：鲁东大学，2014.

[10] 杨江峰. 校本教研与教师专业成长 [M]. 福州：福州人民出版社，2014.

[11] 刘红梅. 西安市中学历史教师专业生活状态调查研究 [D]. 西安：陕西师范大学，2014.

[12] 宣瑛. G县高中历史教师专业生活状态调查研究 [D]. 兰州：西北师范大学，2017.

高一新生历史课堂问题行为及调控策略

——以崇左市 M 中学为例

王志超

对于课堂问题行为，不同的研究者从不同的角度做出了不同的界定。有学者从"规则、规范"的角度给课堂问题行为做界定。邵瑞珍认为："问题行为指不能遵守公认的正常儿童行为规范和道德标准，不能正常与人交往和参与学习的行为。"① 施良方、崔允漷在《教学理论：课堂教学的原理、策略与研究》一书中将课堂问题行为界定为："在课堂中发生的，违反课堂规则，妨碍及干扰课堂活动的正常进行或影响教学效率的行为。"② 此类定义侧重行为与规则是否相符合，着眼点在个体的行为是否会对整体的活动造成干扰。其追求的价值目标是维护教学活动的顺利、有序进行，维护规则的权威，强调整体的秩序。也有研究者从"教—学"的角度界定课堂问题行为。马宏彦认为："课堂问题行为是指妨碍自己的学习，有时还干扰教师的教学和其他同学的学习，直接影响课堂教学质量提高的行为。"③ 李志认为："课堂问题行为就是学生在课堂上表现出来的与课堂教学目的不一致，影响自己或干扰他人学习的行为。"④ 这类定义侧重行为对"教—学"的影响，着眼点在行为是否会对"教—学"造成负面影响。其追求的价值目标是维护"教—学"的有效落实，强调行为的有效性。还有的学者认为，课堂问题行为的主体不仅是学生，还应该包括教师。冯江平对教师问题行为给出了如下界定："所谓教师问题行为，是指教师在教育教学过程中，对其教育对象所发生的各种有违教育要求和教育规律、可能影响学生身心健康

---

① 邵瑞珍. 学与教的心理学 [M]. 上海：华东师范大学出版社，1990：317.

② 施良方，崔允漷. 教学理论：课堂教学的原理、策略及研究 [M]. 上海：华东师范大学出版社，1999：290.

③ 马宏彦. 中学生课堂问题行为的调查与思考 [J]. 普教研究，1993（3）：37 – 65.

④ 李志. 课堂问题行为及控制 [J]. 中小学教师培训（中学版），1997（4）：37 – 39.

发展的那些不适当的或不良的行为。"① 陈时见认为："课堂问题行为是指学生或教师在课堂中发生的、违反课堂规则、程度不等地妨碍及干扰课堂活动的正常进行或影响教学效率的行为。"②

本文中的"课堂问题行为"是指无益于课堂教学目标达成的行为。"无益"是相对"有益"而言的，并不仅指"有碍"，其中还包括了"无关"行为。比如转笔，经过一段时间的"锻炼"之后即可达到熟练程度，在不需要有意识参与的情况下也能转，此时转笔就无碍于教和学，但是转笔也无益于教和学。基于此定义，教师和学生都有可能在课堂教学过程中表现出无益于课堂教学目标达成的行为，即问题行为。本文主要关注的是学生在课堂上表现出的问题行为。

本文的研究对象是广西壮族自治区崇左市 M 中学 2017 级的高一新生。M 中学是一所市属重点中学，2017 年招收高一新生共 1 631 名，分为 26 个教学班，其中来自各区县其他中学的学生 1 531 名，本校初中部直升的学生 100 名，学校所在区的生源占比首次超过 50%。招生方式以择优录取为主，学生的学习层次相差不大。本研究采取随机抽样的方法抽取 5 个班的学生作为研究对象。共向学生发放问卷 317 份，回收 301 份，回收率为 94.95%，其中有效问卷 230 份，有效率为 76.41%。另外，还向学生发放访谈问卷 60 份，回收 56 份，回收率为 93.33%，其中有效问卷 55 份，有效率为 98.21%。

一、高一新生历史课堂问题行为现状

在课堂观察的基础上，笔者征求了历史教学领域的专家和一线教师的意见，并参考了已有的研究，筛选出 19 项典型的课堂行为，根据是否有益于课堂"教—学"分为课堂问题行为和课堂学习行为。其中课堂问题行为 14 项，分别是：发呆、走神、开小差；左顾右盼；交头接耳；做小动作；乱写乱画；看与历史课无关的书；玩手机；犯困、睡觉；吃零食；随意离开座位；迟到；接老师话头、插科打诨、起哄；做其他科目的作业、练习；传东西（小纸条、小玩意、课外书等）。学习行为 5 项：认真听课；看历史学科的辅导书或教材；记笔记；参与课堂讨论；回答老师的问题。以上项目皆是封闭性问题，采用 5 点记分法，1 分表示"从不"这样、2 分表示"很少"这样、3 分表示"较少"这样、4 分表示"经常"这样、5 分表示"总是"这样。考虑到问卷中只有问题行为可能使得学生很容易就发现规律而产生防备心理，影响问卷填写的真实性，

① 冯江平. 中小学教师的问题行为及其改进 [J]. 云南师范大学学报（教育科学版），2000（6）：14 - 20.
② 陈时见. 课堂管理论 [M]. 桂林：广西师范大学出版社，2002：135.

故将问题行为和学习行为相参排列。另外设置了两项开放性问题，分别是："其他行为""你在历史课堂上表现出这些行为的原因有哪些？"鉴于本研究的主题是高一新生历史课堂问题行为，故仅对课堂问题行为的项目进行统计、整理、分析和讨论。

（一）高一新生历史课堂问题行为具有普遍性

课堂观察和问卷调查的结果显示，M 中学高一新生历史课堂问题行为普遍存在。首先，普遍性表现在每节课都有学生表现出或多或少、或轻或重的问题行为。主要是做小动作、左顾右盼、交头接耳、发呆、走神、犯困之类的小问题，极少有学生出现迟到、吃零食、玩魔方、睡觉等比较严重的课堂问题行为，也有学生在历史课堂上整理书桌。其次，普遍性表现在每个学生都曾在历史课堂上或多或少、或轻或重地出现过问题行为。《高一新生历史课堂问题行为问卷》中的 14 项问题行为的统计结果显示，230 份有效问卷中无一人的分数低于15 分，这意味着每个学生至少曾有过一项问题行为。有 29 份无一项报告分超过2 分，占比约为12.61%。有 128 份无一项报告分超过 3 分，占比约为55.65%。有 198 份无一项报告分超过 4 分，占比约为86.09%。剩余 32 份至少有一项报告分是 5 分，占比约为13.91%。从这些可以看出，只有大概1/8 的学生"很少"出现课堂问题行为。只有一半多一点的学生不存在"经常"性的课堂问题行为，换句话说，有接近一半的学生"经常"或"总是"出现某种问题行为。从统计结果来看，历史课堂问题行为还是比较普遍的。

（二）高一新生历史课堂问题行为表现不严重

总体来看，课堂问题行为各项总分为90 分。50 分及以上的有 1 人，占比为0.43%，得分为58 分。40～49 分之间有 5 人，占比为2.17%，其中 40 分 1 人，41 分 1 人，42 分 2 人，43 分 1 人。30～39 分之间有 58 人，占比为25.22%。20～29 分之间有 143 人，占比为62.17%。19 分及以下有 23 人，占比为10.00%（见表 1）。

表 1　高一新生历史课堂问题行为各项总分分段统计表

得分	50 分及以上	40～49 分	30～39 分	20～29 分	19 分及以下
人数	1	5	58	143	23
比例	0.43%	2.17%	25.22%	62.17%	10.00%

从以上分析中可以看出，有97.39%的学生在问题行为各项的总得分不超过40 分，这说明问题行为种类多，并且频繁出现的学生是非常少的，也就是说，

绝大部分学生在历史课上表现出的问题行为类型少，或者不频繁。总体来看学生的历史课堂问题行为并不严重。

从问卷调查的统计结果来看，不同的问题行为之间存在较大的区别。比如"发呆、走神、开小差"，只有3.47%的学生表示在历史课堂上"从不"出现此类行为，有10.43%的学生"经常"出现此类行为，还有2.17%的学生表示"总是"如此。与此类似的还有"乱写乱画"，有2.17%的学生选了"总是"，8.26%的学生选了"经常"。再如"犯困、睡觉"，有2.61%的学生"总是"如此，还有6.96%的学生"经常"如此。而比较严重的课堂问题行为，则很少出现。比如：没有学生表示"总是"随意离开座位，也没有学生表示"经常"随意离开座位，有2.17%的学生"较少"会随意离开座位，有90.43%的学生"从不"随意离开座位。再如"迟到"，没有学生表示"总是"迟到，有0.43%的学生"经常"迟到。详情如表2所示。

表2　高一新生历史课堂问题行为频次比例表

项目	比例				
	从不	很少	较少	经常	总是
发呆、走神、开小差	3.47%	36.52%	47.39%	10.43%	2.17%
左顾右盼	13.04%	49.13%	30.43%	6.96%	0.43%
交头接耳	15.38%	50.68%	28.51%	4.52%	0.90%
做小动作	8.70%	26.96%	39.13%	18.26%	6.96%
乱写乱画	33.48%	33.91%	22.17%	8.26%	2.17%
看与历史课无关的书	46.52%	38.26%	11.74%	2.61%	0.87%
玩手机	96.10%	2.17%	0.87%	0.43%	0.43%
犯困、睡觉	23.04%	42.61%	24.78%	6.96%	2.61%
吃零食	53.48%	30.87%	10.43%	3.91%	1.30%
随意离开座位	90.43%	7.39%	2.17%	0.00%	0.00%
迟到	82.17%	15.22%	2.17%	0.43%	0.00%
接老师话头、插科打诨、起哄	66.52%	20.00%	8.26%	3.04%	2.17%
做其他科目的作业、练习	53.04%	36.96%	6.96%	2.17%	0.87%
传东西	47.39%	40.00%	10.43%	0.87%	1.30%

各类问题行为之间纵向来看，选"总是"比例最高是"做小动作"，占比为6.96%，其次是"犯困、睡觉"，占比为2.61%；选"经常"比例最高的是

"做小动作"，其次是"发呆、走神、开小差"，占比为 10.43%；选"较少"比例最高的是"发呆、走神、开小差"，占比为 47.39%，其次是"做小动作"，占比为 39.13%；选"很少"比例最高的是"交头接耳"，占比为 50.68%，其次是"左顾右盼"，占比为 49.13%；选"从不"比例最高的是"玩手机"，占比为 96.10%，其次是"随意离开座位"，占比为 90.43%。

综上所述，高一新生历史课堂问题行为是普遍存在的，一方面是每节历史课上都有学生表现出问题行为，另一方面是每个学生都曾有过课堂问题行为，并且有接近一半的学生至少有一种课堂问题行为"经常"或"总是"出现。高一新生的历史课堂问题行为主要集中在发呆、走神开小差，做小动作，乱写乱画等比较轻微的问题行为上，在每个学生身上出现的频率主要集中在"很少"和"较少"。高一新生历史课堂问题行为表现不严重，但是，历史课堂问题行为的客观存在要求我们对此给予应有的重视。历史课堂问题行为，不仅影响历史课堂的"教—学"效果，还影响学生的全面发展，在一切为了学生的理念下，历史课堂问题行为需要得到很好的解决。

二、高一新生历史课堂问题行为出现的原因

（一）学科方面的原因

1. 历史学科特点的影响

"历史这一概念，在中文和西文里都有两层含义，一是指过去的事情，另一是指对过去事情的解释。"[①] 历史的两层含义都与"过去的事"有关，而"过去的事"已然过去，当下的人不可能再亲历亲见。历史的过程不像物理、化学的变化过程那样可以在相同条件下重复。周建漳认为，基于时间的不可逆性，历史明显地具有一过性和一度性。[②] 一方面，人们无法回到过去重新经历一次。另一方面，无论历史有时表现得多么相似，其仍然不是历史的重演。由于历史是关于"过去的事"以及历史的"一度性"，人们对历史的认识主要是通过间接的方式达成的。这要求人们根据相关材料，发挥想象力构建历史面貌；还要求人们有较强的史料阅读能力和较强的抽象思维能力。除了认识方式的间接性之外，历史还有内容的广博性。马克思把历史分为自然的历史和人类的历史。我们一

① 叶小兵，姬秉新，李稚勇. 历史教育学 ［M］. 北京：高等教育出版社，2004：1.
② 周建漳. 历史哲学 ［M］. 北京：北京大学出版社，2015：48.

般所说的历史是指人类的历史，也就是说整个人类的发展过程都可以被视作历史学科的内容。复杂的历史事件、多样的历史人物、纷繁的历史现象都是历史学科的内容。其广博性是不言而喻的。作为高中课程的历史依然具有上述特点。而学生在"高中一年级到高中二年级（约 15～17 岁）是逻辑抽象思维的发展趋于'初步定型'或成熟的时期"①。高一新生的抽象思维正处在成熟期，其思维能力还不够强，思维水平还不够高，理解抽象的历史有一定困难。

另外不少学生在初中采取"死记硬背"的学习方法，各项学习能力锻炼不够。以史料研读为例：从考试反映的情况来看，有不少高一新生读不懂材料，尤其是文言文材料；从上课的情况来看，高一新生在史料研读过程中不太能抓住重点，并且很容易疲惫。材料所能反映的总是一个历史的片段，也就是一个历史的点，而现实发生的历史是连续的、完整的。这需要学生根据片段的材料建构完整的历史，会给学生造成很大的压力和困难。历史学科的内容包含了大量需要记忆的史实、概念、史论，史实是历史的基础，只有在正确的史实基础上才能形成正确的历史认识。像"关公战秦琼""八国联军火烧圆明园"之类即存在史实错误。在记忆方面，学生反映最多的是历史时间记不住、记不清。历史的抽象性、认识历史的间接性、史料研读、大量需要记忆的历史知识给学生造成很大的压力和困扰。这些都影响着学生对历史学科的学习态度、学习兴趣、学习动机，进而影响着学生在课堂上的行为表现。当思路跟不上、材料看不懂、知识点记不住时，学生的注意力就很容易分散，问题行为也随之出现。

2. 中学历史课程编排的影响

专题式和循环式的课程编排对学生的课堂问题行为也有着不可忽视的间接影响。专题式的教材编排打乱了历史的时序性，使得历史纵向和横向的联系割裂，不利于学生整体感知历史。以人民版必修一为例：专题二第 1 课讲列强入侵与民族危机，第 2 课讲中国军民维护国家主权的斗争，把同一段的历史用"两条主线"分开，历史事件之间并没有时间上的连续性，反而跨度比较大，不利于学生按照时序认识历史。近代以来，中国和世界的联系不断加强，世界对中国的影响不能忽视。在学习中国近代史之前先了解同时代的世界史更有助于学生的理解和认知。而人民版必修一把世界史的内容安排在中国史之后，"近代西方民主政治的确立与发展"安排在专题七，如此一来中国史和世界史之间的横向联系被割裂。人教版必修一在编排时就注重了历史的横向联系，第一单元讲中国古代史，第二单元讲世界古代史，中国史在前，世界史在后。第三单元

---

① 林崇德. 发展心理学 [M]. 杭州：浙江教育出版社，2002：381.

讲世界近代史，第四单元讲中国近代史，世界史在前，中国史在后。先学习世界史，为学习中国史提供了必要的知识背景，有助于学生理解历史的横向联系，也有助于学生理解近代中国的历史。

高中历史课本采用了必修加选修的编排方式，三本必修分别主要讲述政治、经济、文化。这在一定程度上割裂了历史的整体性，割裂了人类社会各方面相互联系和相互制约的关系。人民版必修一在前言中说："人类的政治活动既受制于经济和社会其他方面的发展，又反作用于经济及其他活动，给社会发展以巨大影响。"人民版必修二在前言中说："人类的历史和未来就像一栋正在建设中的高楼大厦""任何对人类命运的真正关注，都不能忽视其基础，这个基础就是人类的经济活动。"人教版必修一的前言中说："在看似杂乱无章的历史表象后，实际上存在着由历史发展线索构成的经线，以及与政治有关的经济、思想文化等内容编织的纬线。在学习这册书时，我们可以回顾初中学过的通史内容，联系必修二和必修三，注意政治历史中的经济和文化背景……"人教版必修二的前言中说："经济是政治、文化发展的基础，它们之间的关系密不可分。学习经济史，要联系政治史和文化史的相关内容，探讨它们之间的相互影响。"从这些表述中可以看出编者明确强调政治、经济、文化之间的联系，也强调了经济处于基础地位。然而教材的编排却是分开的，高一新生在学习政治史时不仅需要回忆初中学过的内容，还要联系必修二和必修三的内容，同一个时代的历史知识分散在三本书中，学习时间跨越三个学期，联系起来相当困难。初中和高中循环式的编排对某些学生来说是在"炒冷饭"。同时，由于学生在初中是通过"死记硬背"来学习历史的，到了高中遇到看似同样的内容，依然认为背就行了。初中历史更强调基础性，更注重史实，"死记硬背"也能应付。然而，循环式的编排并不是简单的重复。高中历史是在初中的基础上的深化和提高，这需要学生具备比较扎实的历史基础，才能够在高一的专题史学习中建立纵向的和横向的联系。然而事实上高一新生的历史基础并不好。在这种情况下，历史知识给学生的感觉是比较缺乏系统性、条理性的，给学生的学习造成很大困扰，直接影响学生的积极性，也影响学生对历史课的认识，以至于不少学生在高一就决定高考时不选历史。基于这样的选择，学生学习历史的动力进一步减弱。这就使得学生对历史课堂缺乏应有的重视，容易出现问题行为。

（二）教师方面的原因

1. 教师课堂教学吸引力不足

课堂是教师和学生在一定的场域内，有目的、有计划地组织、实施教学活动的过程。课堂教学活动的过程也是师生互动的过程。教师和学生同为课堂教学的主体，教师作为"教的主体"，其在课堂中呈现或选择的教学内容和采用的教学方法对学生这一"学的主体"的课堂行为有着直接影响。课堂教学内容是指教师和学生为达成课堂教学目标，在课堂教学过程中所加工的素材，包括文本、语言、视频、图片、动作、情感、态度等。课堂教学内容既包括预设的，也包括生成的。呈现、加工课堂教学内容的方法即课堂教学方法。从学生的视角来看，其课堂行为即受自身内部需要、兴趣、动机的驱动，是为"推力"，还受课堂教学内容和课堂教学方法等外部因素的吸引，是为"拉力"。学生是学习的主体，学生的发展是教育教学的出发点和落脚点，课堂教学内容和课堂教学方法应根据学生的特点选择、组织和呈现。如果课堂教学内容与课堂教学方法不能契合学生的需要和兴趣，就会缺乏甚至失去对学生的吸引力，这时课堂教学内容和课堂教学方法甚至可能成为起反作用的"推力"，将学生推出课堂之外。由此，学生在课堂教学过程中容易偏离课堂，出现问题行为。

问卷调查的结果显示，约17%的学生认为老师讲课枯燥，让人提不起精神，这与不认为老师讲课很有趣的学生比例大致相当。另外，有超过50%的学生认为老师讲课很有趣，而不认为老师讲课枯燥的学生比例接近70%。对于老师讲课是否有趣，感到"不清楚"的学生比例大约是27%，这一比例几乎是对老师讲课是否枯燥感到"不清楚"的学生比例的两倍。由此可以看出有相当一部分学生觉得课堂教学是枯燥的，或者说并不是很有趣。详情见表3。

表3 历史课堂教学情况调查结果

项目	比例				
	完全不符	基本不符	不清楚	基本符合	完全符合
历史老师讲课很枯燥，让我提不起精神	36.96%	30.87%	14.78%	11.74%	5.65%
历史老师讲课很有趣，总是吸引着我	8.26%	10.00%	26.96%	31.74%	23.04%
历史老师很严厉，在课堂上我不敢有小动作	37.83%	30.87%	16.09%	12.17%	3.04%
只要我不打扰其他同学，就算我不好好听讲，老师也不会管我	46.52%	20.00%	19.13%	8.26%	6.09%

在学生对自己的课堂行为所做的解释中，也有不少学生将自己的课堂行为

归因于课堂教学枯燥、无聊、抽象难理解。

"对课文内容不太感兴趣，老师讲的听不懂。"

"老师讲的内容枯燥，没意思。"

"老师课上讲的内容没有太多能提起兴趣的东西。"

"无聊，初中又学过，所以一般不太想听，除了个别有兴趣的。"

"老师讲课太无聊，不能联系所学，太抽象，不知道重点。"

"历史课上讲的一些知识较枯燥，难理解。"

"有时老师讲课形式较为枯燥，无法引起我的兴趣，大脑也不活跃，就容易分神，各种与课堂无关的行为也会出现……"

"老师的课没有太大吸引力，不生动，语言生硬，语调平缓。"

"老师不扩展相关知识，无趣。"

"对这节课的内容不感兴趣。"

"老师讲的内容都是课本上的，相比课本上的内容更愿意听扩展的知识（其实自身容易走神，精神不集中）。"

"老师讲关于历史的与课本无关的事件，对这些并不了解，听不懂；有时跟不上老师上课节奏，心烦，不想听。"

"老师的学习方法（注：应为教学方法）不适于我；老师总是讲课外的知识，很少讲课内的。"

从以上文字表述中可以看出，有的学生是对课堂教学内容感到枯燥、无聊，有的学生是对课堂教学方法感到枯燥、无聊，不适应。这其中的原因是多方面的，有历史课程本身的原因，也有教师对课堂教学内容选择、组织、加工、呈现的原因，还有些是学生自身的原因。总而言之，课堂教学内容和教师的课堂教学方法会影响学生的历史课堂行为，即学生在历史课堂上表现出问题行为有课堂教学内容和教师的课堂教学方法两方面的原因。当然，从学生的言论可以看出，众口难调是一个常态，比如有些学生认为课外知识讲得太多而不感兴趣，而另一些学生则刚好相反。而教师的教学都是有教学目标和考试目标的，不可能同时满足每一位学生的需求。

2. 教师对学生的课堂行为约束不力

学生的课堂行为除了受到自身学习动力的驱动、学习自控力的克制和课堂教学的吸引，还会受到外部约束力的影响。外部约束力是影响学生课堂行为，特别是课堂问题行为的重要因素。教师是课堂的组织者，也是课堂的管理者，为了课堂教学的顺利进行，也为了学生健康成长，教师有权利、有责任约束学生的课堂问题行为。

从表 3 可以看出,接近 70% 的学生不认为"历史老师很严厉,在课堂上我不敢有小动作",而认为"历史老师很严厉,在课堂上我不敢有小动作"的学生比例只占约 15%;另外,在整理问卷过程中发现有学生明确表示"历史老师很严厉,但是我敢有小动作"。有接近 15% 的学生觉得"只要我不打扰其他同学,就算我不好好听讲,老师也不会管我",还有接近 20% 的学生对此表示"不清楚"。由此可见,教师对学生的课堂行为约束力度还是有些欠缺,以至于部分学生放松对自己的要求,甚至放弃了对自己的克制,更有极个别学生到了"放肆"的程度。

(三)学生方面的原因

1. 学生学习历史的动机不强

"学习动机是激发和维持人的学习行为,并使学习指向一定学习目标的内部动力。"[①] 学习动机能够激发学生的学习行为,并使学习行为坚持下去。学习动机与学生"愿不愿意学""坚持不坚持学""想学成什么样"等密切相关。学习动机通过影响人的注意力、选择、坚持等意志和情感因素间接地对学习行为产生影响。具有强烈的学习动机的学生,会更加主动地选择、坚持与学习有关的行为,减少无关行为。相反,学习动机不强,甚至缺乏学习动机的学生则会较少选择、坚持与学习有关的行为,更多地做出与学习无关的行为。

在本次问卷调查中,只有 6.52% 的学生表示"我有清晰的历史学习目标""完全符合"自己的情况,有 41.30% 的学生选择"基本符合";另有超过一半的学生不清楚自己的历史学习目标或者没有清晰的历史学习目标,其中 5.22% 的学生完全没有清晰的历史学习目标。有 5.22% 的学生认为"在历史课上,我总是无精打采""完全符合"自己的情况,另有 11.30% 学生认为"基本符合"自己的情况,有 34.35% 的学生选择了"完全不符"。在"我愿意花更多时间学习历史"选项中,有 6.96% 的学生选择了"完全符合",加上 27.83% 的学生选择"基本符合",愿意花更多时间学习历史的学生只有 34.79%,而选择"完全不符"的学生占 8.26%,同时还有 16.96% 的学生选择了"基本不符",25.22% 的学生基本不愿意多花时间学习历史。有超过 8% 的学生认为学习考试中不考的知识是浪费时间。有大约 17.39% 的学生表示"我学习历史是因为学校

---

① 林海亮,杨光海. 教育心理学:为了学和教的心理学 [M]. 北京:北京师范大学出版社,2012:61.

安排了这门课，不得不学"。详情见表4。

表4　学生学习历史的动机调查结果

项目	比例				
	完全不符	基本不符	不清楚	基本符合	完全符合
我有清晰的历史学习目标	5.22%	9.13%	37.83%	41.30%	6.52%
在历史课上，我总是无精打采	34.35%	31.74%	17.39%	11.30%	5.22%
我愿意花更多时间学习历史	8.26%	16.96%	40.00%	27.83%	6.96%
我觉得学习历史考试中不考的知识是浪费时间	56.09%	25.65%	9.57%	6.09%	2.61%
我学习历史是因为学校安排了这门课，不得不学	43.48%	23.91%	15.22%	9.13%	8.26%

在对开放式的问题"你在历史课堂上表现出这些行为的原因有哪些?"的回答中，有一位在历史课堂上"玩魔方"的学生表示"想选理科，对历史没多大兴趣"，这种想法在学生中非常具有典型性，有相当一部分学生认为自己选理科，高考便不考历史了，既然不考历史，也就没必要学了。有位学生用加大的字、加宽的字距写道："我是选理科的人!"请注意这位学生在结尾用了感叹号。再比如一位学生表示"不想学历史，我已下定决心选理科"。甚至有一位同学已经把自己当作理科生了，他/她写道："觉得身为理科生，文科有些……"有一位在历史课上"翻看历史课本中的图片"的学生认为"历史有点无聊，找点乐趣"。还有一位在历史课上"与同桌下棋"的学生用英文写道："It is very boring, hate the history."还有学生表示"无心向学，人在心不在，现在才高一，时间还多，学习不紧不慢"。有一位在历史课上"练字、做手工、照镜子挤青春痘、发呆出神"的学生写道："自身认为历史无用，枯燥乏味，自己提不起精神。自己的历史成绩努力了也学不好"。有一位在历史课上"和同桌谈人生，谈理想"的学生表示"历史课有点无聊，不想上"。也有学生用一句"我喜欢历史，历史不喜欢我"来表达自己对历史课的感受。

在历史课堂表现出问题行为的学生，因为种种具体的原因而缺乏学习历史的动机，没有将自己的注意力聚焦在历史课堂的学习上，同时放松了对自身行为有意识的监控，在有意或无意中表现出了这样或那样的问题行为。由此看来，学生是否具有学习历史的动机，学习动机是否强烈，是影响学生在历史课堂上行为表现的重要因素。

2. 学生的课前准备不充分

课前准备是指在上课开始前，为了课堂活动的有效进行而做的必要准备，以达到随时可以进入学习活动的状态。这里的准备既指做准备的行为过程，也指准备的状态。学生的课前准备主要包括学习用品准备、知识准备、心理准备。具体来说，学习用品准备包括历史课本、参考书、工具书、笔记本、文具等课堂学习需要的资料和物品；知识准备包括唤起已有的知识储备、预习将要学习的新课；心理准备包括学习的情绪、情感、注意、意志、策略等心理条件的调适。

在课堂观察中经常能看到一部分学生在教师开始讲课之后才慌忙地收起手里正在做的作业，翻出历史课本瞥一眼，或者问一句同桌"老师讲的是哪一页？"还有的学生课间趴在桌子上休息，等班长喊"起立"才"惊站起"，一边站起一边找历史课本，或者等坐下了再找。至于历史地图册很多学生很少使用，笔者实习期间看到的大多数学生的历史地图册几乎是全新的。课堂上，很多学生在教师的提示下才动手在书堆里找历史地图册。由此可见，学生并未在上课前做好学习用品准备。

问卷调查的结果显示，只有43.92%的学生能够在上课前做好预习，有接近40%的学生基本不做预习。能够在预习中找到重点和难点的学生不足一半，近27%的学生不能在预习中找到重点和难点。能够在课堂上带着问题听课的学生不足40%，有超过33%的学生不能带着问题听课。如表5所示。

表5　学生课前准备情况调查结果

项目	比例				
	完全不符	基本不符	不清楚	基本符合	完全符合
我总是在上课前预习下节历史课要学习的内容	13.48%	25.65%	16.96%	34.35%	9.57%
我能在预习历史课的过程中找到重点和难点	10.00%	16.52%	26.09%	40.00%	7.39%
我能够在预习下节历史课的过程中发现问题，带着问题听课	13.91%	20.87%	29.57%	26.09%	9.57%

在课堂上也会出现这样的情况：教师提问课本上的知识或者已经学过的知识，学生却答不上来。如某天，高一某班上午第一节课，Y 老师提问："太平天国创的教叫什么？"有学生答："太平教。"同一天，上午第三节，在另一个班，Y 老师回顾已学知识时，关于中国近代史的分期，学生竟然想不起 1949 年中华人民共和国成立这个标志性的事件，也不知 1919 年五四运动这个标志性事件。前面一个问题，通过预习即可知道；后面一个问题是之前学过的，而且是要求掌握的重点内容，学生通过复习是可以联系起来的。由学生预习新知识和联系旧知识的情况可以看出学生在知识准备方面做得并不充分。

课前准备不足直接影响学生课堂学习的状态和效果。问卷调查显示，总是能跟上教师讲课节奏的学生只有不到 20%。在历史课堂上能够抓住重点和难点的学生只有不到 10%，有 34.78% 的学生基本能够抓住重点和难点，不能抓住重点和难点的学生比例超过了 10%，另有 16.09% 的学生基本不能抓住重点和难点，近 30% 的学生对于是否能够抓住重点和难点表示"不清楚"。有接近 10% 的学生不能在学习新知识时联想到旧知识，同时有 11.74% 的学生对此"基本不符"，还有超过 20% 的学生对此"不清楚"。详情如表 6 所示。

表 6　学生课堂学习状态和效果调查结果

项目	比例				
	完全不符	基本不符	不清楚	基本符合	完全符合
我总是能够跟上历史老师讲课的节奏	4.78%	14.78%	16.52%	46.52%	17.39%
我能够在听课过程中抓住这节历史课的重点和难点	10.43%	16.09%	29.57%	34.78%	9.13%
在历史老师讲授新知识时，我能联想到已学过的知识	9.13%	11.74%	22.17%	39.13%	17.83%

在学生对开放式问题的回答中也不乏这样的表述。比如：

"无法理解老师讲课的重点，课堂上听得似懂非懂，课前很少预习。"

"没能做好预习，不知道重点在哪导致自己盲目地去听课。"

"弄不清老师讲课的重点内容，不知该如何记笔记。"

"有时老师讲的地方不知道在课本第几页，老师不说现在正在讲的内容大概是课本哪个地方。"

"课前没有充分预习，不能及时跟上老师的思路。笔记记得慢而老师讲课过快，凌乱的笔记使思路混乱后就不想听了。"

"课前没有预习下节课要学的内容，有时跟不上老师的脚步。"

课堂是在一定场域中的，学生和教师在一定的规则约束之下进行教学活动，学生不能随意离开课堂。在这种情况下，一旦不能跟上课堂教学的节奏，不能很好地抓住课堂教学的重难点，不能在新旧知识之间建立联系，学生便会感到无聊、枯燥，注意力就会游离于课堂之外，进而出现与课堂教学无关的行为。总之，学生课前预习对于学生课堂行为有着重要影响，课前准备不充分容易导致课堂问题行为的出现。

3. 学生的学习方法不完善

"学习方法，一般认为是通过认识过程完成学习任务所采用的策略、途径、手段或方式。"[①] 也有学者认为："学习方法是指在学习过程中，一切为达到学习目的、掌握学习内容而采取的手段、方式、途径，以及学习所应遵循的一些操作性原则。"[②] 以上两种学习方法的定义都认为学习方法是学习的途径、手段、方式。由此，我们可以认为，学习方法与学习行为密切相关，不同的学习方法指向不同的学习行为，不同的学习行为体现不同的学习方法。学习者对学习方法的选择和使用，直接影响其学习行为。

本次问卷调查结果显示，有40%的学生基本认同"我只要记住所学的历史知识就能取得好成绩"，有21.30%的学生对此完全不认同，有25.22%的学生基本不认同。有接近40%的学生认为老师课堂上所讲的都是重点，都需要记下来，有大概相同比例的学生不这样认为，有接近25%的学生对此"不清楚"。还在使用初中的历史学习方法的学生约占45%，有接近25%的学生不认为初中的学习方法不再适用于高中，有40%的学生"不清楚"初中的学习方法是否依然适用于高中。只有不到10%的学生认为自己已经掌握了一套行之有效的学习方法，有约30%的学生的情况与"我已经掌握一套行之有效的学习历史的方法""完全不符"，还有接近40%的学生对此"不清楚"。超过一半的学生会通过测试检验自己学习历史的方法是否有效。详情如表7所示。

---

① 乔炳臣. 学习原理与方法 [M]. 哈尔滨：哈尔滨工业大学出版社，2004：169.
② 郭顺清，苏顺开. 现代学习理论与技术 [M]. 广州：中山大学出版社，2007：230.

表7　学生学习方法调查结果

项目	比例				
	完全不符	基本不符	不清楚	基本符合	完全符合
我只要记住所学的历史知识就能取得好成绩	21.30%	25.22%	13.48%	31.74%	8.26%
我依然在用初中的历史学习方法	11.30%	19.57%	23.48%	34.35%	11.30%
我觉得初中的历史学习方法不再适用于高中	8.26%	16.96%	40.00%	27.83%	6.96%
我已经掌握一套行之有效的学习历史的方法	30.00%	21.74%	38.70%	7.39%	2.17%
我会通过测试检验自己学习历史的方法是否有效	9.13%	11.74%	22.61%	35.65%	20.87%
我觉得历史老师在课堂上讲的都是重点，我需要都记下来	12.17%	25.22%	24.35%	25.22%	13.04%

从问卷调查的结果来看，相当一部分学生对历史学习方法的认识还处于"记重点、背重点"的状态。同时，很大一部分学生还在用初中的学习方法应对高中的历史学习。访谈问卷的结果显示，学生在初中所用的方法主要是"背多分"，即"划重点—背重点—考重点"的路子。对"你在初中是如何学习历史的?"这一问题回答举例如下：

"主要以背诵为主，'背多分'。"

"背老师圈出来的知识点。"

"背历史内容、意义、考点，应试学法。"

"初中的历史就是除了背还是背，这就是个死法子。最后导致中考没得A等级，可惜了。"

"上课略听，课后做点练习，临考背点知识点。"

"老师帮列单元知识大纲，我就按着大纲去背诵。"

"上课多做笔记，课后做练习，多记多背。"

"上课记录老师板书的笔记，课后熟读，记忆。"

"记背知识点，把事件的先后顺序连成时间轴，进行记忆。"

"大概了解各年代的大事件，死记老师点出的知识点。"

在"背多分"这种学习方法的指导下，学生更多地选择"记笔记—背笔记"，即在课堂上主要关注教师强调的重点知识，对于其他课堂教学活动（比如小组讨论）并不重视，注意力就容易分散，进而出现更多与课堂教学无关的行为。学习方法还会影响学生在学习过程中的情绪情感体验，死记硬背的方法使学生体验到的更多的是枯燥无聊，此类不愉快的体验也会致使学生偏离学习活动，出现问题行为。学习方法与学习效果、学习效率密切相关，一般认为好的学习方法能使学习事半功倍，不好的学习方法会使学习事倍功半。由此看来，学习方法通过学习结果影响学生在学习中获得成功体验，成功的体验能够激发学生继续学习的兴趣和激情，而失败的体验则会挫伤学生的学习积极性，进而影响学生的课堂行为表现。

4．学生的学习自控力不强

"学习自控力是指：学生按照社会要求和自身的观念对自己的学习行为进行调整的能力。它表现为两个方面：课内学习与课外学习。课内学习主要表现在集中注意和适宜行为。"① 集中注意是指学生的注意力聚焦在学习行为上的时间，适宜行为是指对课堂学习有益的行为，如听课、记笔记、参与课堂讨论、回答问题等。学习自控指向的是学习行为的维持和无关行为的抑制。学生的课堂行为表现与其学习自控力有着直接联系，学习自控力强的学生能够维持较长时间的学习行为，同时有效抑制无关行为；而学习自控力较弱的学生难以维持较长时间的学习行为，同时也难以有效抑制无关行为。

问卷调查发现，对于自己的历史课堂行为，大约 20% 的学生基本不关注，有 33% 的学生"不清楚"，关注自己的课堂行为的学生不足一半。超过 70% 的学生认为通过自身努力可以在历史课堂上表现得更好，接近 20% 的学生对自己在历史课堂上的行为表现感到无能为力。在对课堂感到比较枯燥的情况下，有 60% 的学生仍能够坚持认真听课。大约有 60% 的学生会注意到自己走神了，并提醒自己认真听课。而能够注意到自己的小动作，并努力减少的学生比例则略微超过 60%。

在学生对自己的历史课堂行为的解释中，有不少学生认为自己课堂行为与自控力有关。比如：

"突然走神自己没有意识到。"
"注意力不够集中，没有保持良好的学习态度。"

---

① 张灵聪. 初中生学习自我控制特点的研究 ［D］. 重庆：西南师范大学，2001.

"自律能力不强，容易东想西想，受周围环境影响。"

"自控能力还比较差，对历史的热爱还不够。"

相当一部分学生由于学习自控力不强，他们在课堂上很少有意识地关注自己的行为，觉得课堂枯燥时就容易转移注意力，不能有意识地注意并克制自己的行为。可以认为，学生的学习自控力不强是学生在历史课堂上表现出问题行为的重要原因之一。

当然，还有若干客观环境方面的因素也值得注意，比如班级环境因素。班级的课堂氛围会影响学生的课堂问题行为。课堂气氛活跃，学生的学习情绪就容易被唤起，学生的学习积极性就容易被调动。在沉闷的课堂氛围中，学生的积极性就不易调动起来。学生的课堂问题行为还会受同伴的影响：

"有时受周边同学影响"

"可能和从众的心理有关。"

"同学们之间的吵闹影响到我了。"

"传东西：同学的急切需要。"

"跟风从众。（注：接老师话头、插科打诨、起哄）。"

教室的教学设备也是引起学生课堂问题行为的原因。在 M 中学，高一年级有两种不同的多媒体设备，一种是投影仪，一种是液晶显示器。投影仪一般安装在教室前面靠左的位置。这个位置有点偏左，投影仪的可视角度又不够大，右边的学生看不到。另外，投影仪的亮度又不够，投影面积也不够大，后面的学生看不清。课堂教学又要依靠多媒体，这部分看不到或者看不清多媒体的学生的注意力就容易分散，尤其是老师在多媒体上展示材料、解读材料时，由于看不到或者看不清，学生听得迷迷糊糊，有些学生"索性"就不听了。

还有学生睡眠不足的问题。有部分学生认为睡眠不足，或者说睡眠质量不高是产生历史课堂问题行为的一大原因。比如普遍认为"昨晚睡觉太晚，而不能集中精神""休息时间不足""犯困是因为晚上没睡好""晚上睡眠质量不佳""学习压力太大，没有足够的时间休息，睡眠质量不好"等。虽然可能有一部分学生是为自己的问题行为开脱，但是学生睡眠不足是很多中学普遍存在的现象，肯定会影响学生课堂行为。

三、高一新生历史课堂问题行为调控策略

（一）改善课堂教学

1. 改善课堂教学内容

课堂教学内容是达成课堂教学目标的素材，是学生和教师进行信息加工的材料，是促进学生全面发展的载体，有些课堂教学内容也是学生需要掌握的历史知识。教师在选择课堂教学内容时，要综合考虑教学目标、学情、自身素养、教学条件等因素。课堂教学内容首先是为了达成课堂教学目标，偏离了课堂教学目标的内容即是无效的。不符合达成教学目标需要，或者与教学目标达成联系不密切的内容，哪怕学生十分感兴趣，也并不适合作为课堂教学内容。教学内容只有符合学生的需要才能够引起学生的兴趣，激发学生的学习动机，引发更多的学习行为，相应的有助于减少课堂问题行为。

改善课堂教学内容，首先要注重初高中教学内容的衔接。高中历史课程是在初中历史课程的基础上的深化和提高，初中历史是高中历史的基础，为了更好地学习高中历史课程，自然需要注重初高中的衔接。把高中的知识和初中已经学过的知识联系起来，为学习高中的知识提供必要的知识准备，降低学习新知识的难度。在这个过程中要注意避免对初中已学知识的简单重复，以免学生厌倦。

其次要帮助学生构建知识体系。高中教材的专题式编写淡化了时间线索，一定程度上割裂了中外联系，割裂了政治、经济、文化的相互作用，这需要教师在选择和组织课堂教学内容时注意帮助学生构建完整的知识框架和知识体系。为此要补充必要的知识背景，比如讲到第一次鸦片战争时，要补充第一次工业革命和英国资产阶级革命的内容，帮助学生理解导致鸦片战争爆发的原因及其结果。历史讲述的是"过去的事"，学生与历史的距离较远，这时可以联系现实，搭建一座沟通历史和现实的桥梁，拉近学生与历史的距离。F 老师在讲中国古代的农业时，就结合崇左地区当时的天气和农业，让学生思考如何搞好农业。学生对农业比较熟悉，很容易就想到天气、土地、耕作方式、耕作技术这些因素，这就自然而然地联系到课本上所讲的内容了，从而拉近了学生与课本、与课堂的距离。

再次要精心选择、处理材料。历史教学离不开相关材料，教学材料丰富多样，文字、图片、视频、实物都可以作为教学材料。教师要根据课堂教学的需

要精心选择与课堂教学密切相关、有助于学生学习的材料。同时要精心处理所选用的材料。以文字材料为例，文字材料的研读是历史学习的必备能力，高一新生恰恰在这方面有所欠缺。为了便于学生理解，要对选用的材料进行处理，比如把文言文翻译成白话文，给生僻字加注释，突出关键字词句等。对材料精心处理还包括设计与材料相关联的问题，问题的表述要清晰，指向要直接，答案要明确，逻辑要严谨。

最后要将抽象的内容具体化、形象化。通过多媒体等手段，展示丰富的历史材料，将抽象的历史变得具体可感，帮助学生构建历史的面貌。总之，教师要精心选择和组织课堂教学内容，以降低学生的学习难度和理解难度，激发学生学习兴趣，有效改善学生课堂行为表现，减少问题行为的出现。

2. 优化课堂教学方法

课堂教学过程是师生互动的过程，教师采用的课堂教学方法会直接影响学生的课堂行为。"中学历史课堂教学的方法是多种多样的，其基本的讲授方法有如下几种：讲述法、讲解法、讲读法、谈话法、图示法、演示法。"[①] 不同的教学方法，对学生的课堂行为具有不同的影响。试想，"满堂灌"的课堂，老师讲、学生听，课堂氛围怎能活跃？在课堂互动方面，教师具有更多的主动性。为了调动学生的积极性，教师可以通过提问的方式引导学生思考，同时也引导学生加入课堂互动中来。对于发呆、走神的学生，可以通过提问的方式予以提醒，同时也表达了教师对学生的关注。这时所提的问题最好是该学生能够回答的，并且在学生回答后给予及时的积极的反馈。

增加师生之间的互动有助于减少学生课堂问题行为，增加学生之间的互动同样有助于减少学生的课堂问题行为。教师可以选择需要学生更多地参与的教学方法，比如小组合作学习、探究性学习等。在小组合作学习中要合理划分学习小组，科学分配小组成员的任务，使每个小组成员都有事可做。唯有如此才能真正增加学生之间的互动。F老师说："当我发现有比较多的学生游离在课堂之外时，我就会改变上课方式，搞课堂活动，小组讨论，让学生动起来。"导入是一节课的开始，好的课堂导入往往能够起到吸引学生注意力，激发学生学习兴趣的作用。H老师表示："导入要是精彩的话，能让学生一整节课都认真听讲，能吸引学生很长时间。常用的导入方式有图片、历史故事。用图片导入，图片要包含有效信息。故事一般都是我口述，然后提问，用问题引发学生思考，吸引学生。用文字导入的话，要精简。"

---

① 于友西. 中学历史教学法［M］. 3版. 北京：高等教育出版社，2009：152－156.

李月霞老师在她的教育随笔集《喜欢你，因为你不听话》里面介绍了自己的一节校本课程，李老师上课时给学生展示第一张照片：红色的宫墙。问学生这是什么？学生开始议论，李老师说："不着急，慢慢往下看。"接着第二张、第三张、第四张，第五张图片出来的时候，班上所有的学生异口同声地说："北京！"李老师在书中写道："我由衷地喜悦，利用了学生的好奇心，把他们参与的兴趣激发出来了，他们很自然地走入我设计的情境。"①

（二）激发学生的学习动机

1. 正确认识历史学科的价值

受应试教育的影响，部分高中生和历史教师秉持着"考重点—教重点—背重点"的教学方式。在这种背景下，高中历史学科教育教学围绕着"考试"展开，其价值追求是在考试中取得更高的分数，以考试定方向，以分数论成败。这种对历史学科价值认识的偏差给高中生的学习动机造成了比较大的负面影响，以至于部分学生认为学习历史除了考试之外没什么用。在分文理科的背景下，对于部分不打算选文科的学生而言，学习历史更加无用。然而，历史学科的价值绝不仅仅体现在考试中。《普通高中历史课程标准（2017 年版）》中明确了历史学科课程性质，"普通高中历史课程，是在义务教育历史课程的基础上，进一步运用历史唯物主义观点，以社会形态从低级到高级发展为主线，展现历史演进的基本过程以及人类在历史上创造的文明成果，解释人类历史发展的基本规律和大趋势，促进学生全面发展的一门基础课程。"② 普通高中历史课程目标是"学生通过历史课程的学习，形成历史学科核心素养，得到全面发展、个性发展和持续发展。"③ 从普通高中历史课程的性质和目标可以看出，历史学科的价值是十分丰富的。其中既包括历史知识，还包括历史学科核心素养，更包涵了促进学生的全面发展、个性发展和持续发展等方面的内容。正确认识历史学科丰富的教育价值，有助于学生正确地、全面地理解学习历史的重要性和必要性，有助于吸引有不同需求的学生深入学习。从本次问卷调查来看，学生学习历史的动机不尽相同，为丰富自己的历史知识而学的学生比例最高，超过了 70%；

① 李月霞. 喜欢你，因为你不听话 [M]. 桂林：广西师范大学出版社，2010：73.

② 中华人民共和国教育部. 普通高中历史课程标准（2017 年版）[S/OL]. 2017 - 12 - 29. http://www.moe.gov.cn/srcsite/A26/s8001/201801/t20180115_324647.html.

③ 中华人民共和国教育部. 普通高中历史课程标准（2017 年版）[S/OL]. 2017 - 12 - 29. http://www.moe.gov.cn/srcsite/A26/s8001/201801/t20180115_324647.html.

其次是为取得良好的历史成绩而学的学生，比例超过了 60%；再次是为证明自己的能力而学的学生，比例超过了 30%；最后是为了不让历史老师失望而学的学生，比例超过了 20%。详情见表8。

表8　学生学习历史的动机调查结果

项目	比例				
	完全不符	基本不符	不清楚	基本符合	完全符合
我学习历史是为了证明自己的能力	16.96%	23.04%	28.70%	24.78%	6.52%
我学习历史是为了丰富自己的历史知识	4.78%	8.26%	15.65%	44.35%	26.96%
我学习历史是为了取得良好的历史成绩	9.13%	18.70%	11.74%	34.35%	26.09%
我学习历史是为了不让历史老师失望	33.48%	26.52%	18.70%	15.65%	5.65%

充分认识历史学科的丰富价值能够激发同一个学生的多种学习动机，也能够激发不同学生不同的学习动机，满足学生不同的学习需要。既有助于从个体的角度激发学习动机并维持课堂学习行为，减少课堂问题行为；也有助于从全体的角度激发学习动机并维持更多学生的学习行为，减少课堂问题行为。F 老师会在高一开学的第一节课跟学生讲"历史是什么、学历史有什么价值、如何学习历史"等问题，引用名人名言，比如"读史可以使人明智"；还有国家领导人关于历史的价值的重要论述，比如习近平总书记说"历史是最好的老师""历史是最好的教科书，也是最好的清醒剂"。另外，F 老师还会结合现实，强调学习历史对学生个人素养的提高具有重要意义。学习历史有助于学生培养辩证思维、全面地看待问题。学习历史能够培养历史思维，从当下想到过去和未来，有助于学生透过问题看本质。通过开学第一课的讲解，让学生认识到学习历史的重要性。

2. 增强学生的自我效能感

"通常，自我效能感是指一个人自我建构的关于他或她执行某些行为或达到某些目标的能力的判断。"[①] 自我效能感是个人对自己能否达到某些目标，或者

---

① 珍妮·埃利斯·奥姆罗德. 教育心理学 [M]. 6 版. 龚少英，主译. 北京：中国人民大学出版社，2011：358.

是对自己能够达到何种程度的判断。当一个人认为自己能够达到目标时，他就更有可能去行动。对于学生来说，"学生的自我效能感影响他们的活动选择、目标以及他们在课堂活动中的努力和坚持"①。在学习活动中，学生倾向于选择自己认为能够取得成功的学习任务，并参与相关的学习活动，回避自己认为难以取得成功的学习任务，同时也回避相关的学习活动。具有较高的自我效能感的学生在学习活动中更能坚持，遇到困难时愿意做出更多的尝试，而自我效能感较低的学生则在遇到困难时更容易放弃。

本次问卷调查显示，不到70%的学生相信自己有能力取得良好的历史成绩，有近40%的学生觉得自己的学习能力比较差，觉得自己能够解决历史学习中遇到的问题的学生比例超过40%，有大约20%的学生认为历史这门课太难了。可见，大部分学生认为自己学习历史的能力不强，对取得良好的历史成绩信心不足，学生的自我效能感有待提高。详情见表9。

表9　学生自我效能感调查结果

项目	比例				
	完全不符	基本不符	不清楚	基本符合	完全符合
我相信自己有能力取得良好的历史成绩	1.74%	5.65%	24.78%	43.91%	23.91%
我觉得自己的学习能力比较差	18.26%	21.30%	22.61%	23.48%	14.35%
我觉得我能够解决历史学习中遇到的问题	7.83%	13.48%	34.78%	33.04%	10.87%
我觉得历史这门课太难了	31.30%	24.78%	23.04%	13.91%	6.96%

"有几个因素明显会影响自我效能感的发展，包括学习者先前的成功和失败，他人传递的信息，他人的成功和失败，以及在一个较大的群体中的成功和失败。"② 学习者先前在同类任务中的成功的经验有助于其形成较高自我效能感，即具有成功经验的学习者更相信自己能够在同类任务中取得成功，而失败的经验则相反。当学生的成败经验不是特别明显时，我们通过给学生一些理由，比如给学生积极的反馈，让他们相信自己能够在未来的学习中取得成功，也可以

---

① 珍妮·埃利斯·奥姆罗德. 教育心理学［M］. 6 版. 龚少英，主译. 北京：中国人民大学出版社，2011：358.

② 珍妮·埃利斯·奥姆罗德. 教育心理学［M］. 6 版. 龚少英，主译. 北京：中国人民大学出版社，2011：358.

提高学生的自我效能感。当自己成功经验不足时，别人在同类任务中的成功经验也能够提升学生的自我效能感，特别是"同类型"的"别人"，比如一个后进生成为优秀生的成功经验更能激励别的后进生。在访谈中，Y 老师分享了一个学生的故事："某班一个男同学，一开始我没注意，有节课我发现他没课本也没练习册，我一问才知道是新转来的，当时已经开学一个月了。从他上课的反应和做作业的情况来看，基础比较差。作业做得不好，但是他会自己做，按自己的想法写。这个学生是一个比较内向腼腆的男生。我就在晚自习找他，跟他说我们已经讲这么多课了，以前的内容有哪里不懂可以来问我。虽然他没来问过问题，但是上课的反应明显不同了。听课更认真了。我会跟他有更多的眼神交流，也会多提问他。也会表扬他，比如说他的作业做得比较好，我就拍成图片用多媒体在班上展示。再比如他上课听课很认真，我也会表扬他。就是要表示出老师关注到他了，并且老师也关心他。经过一个学期，他的成绩就比较好了。我特意表扬了他。他是为数不多的受到表扬的男同学。"Y 老师谈到自己感受时说："提高学生的自信心是一个过程，这个过程可能会有点长，但是只要坚持，学生会有进步的。"

3. 采取适当的奖励措施

"在关于什么可以最有效地激励学生的研究中，研究者区分了内部动机与外部动机。内部动机是指学生给予自己的推动力，外部动机是指学生通过寻求外在奖赏或诱因而获得的推动力。"[1] 通过给予适当的奖励，也可以激发学生的学习动机，进而改善学生的课堂行为。这种给予奖励的办法，几乎每一位教师都在用。大部分教师在给予学生奖励的时候主要的标准还是看学习成绩，奖励的方式一般是实物奖励加精神奖励。比如笔记本、钢笔加一张奖状。L 老师说："我们有小组加分奖励机制，把学生分成小组，课堂上小组成员积极回答问题会给小组加分，根据问题的难易程度以及回答的质量加分，我一般是每个月会总结一次，根据小组的总分排名，前三名会奖励笔和笔记本这些奖品。"在 M 中学高一年级每个班都会采取类似的奖励方式。擅长讲故事的 H 老师分享了自己独特的奖励方式，"学生喜欢听我讲故事，在晚自习的时候，学生要求我讲故事，我就反问'你们白天睡觉，晚自习还想听我讲故事，可能吗？'学生为了听我讲故事，就基本不在我的课堂上睡觉了"。

使用奖励作为激励学生的手段时要注意避免过分奖励。"过分肯定理论（过

---

① 斯滕伯格，威廉姆斯. 斯滕伯格教育心理学［M］. 原书 2 版. 姚海林，等译. 北京：机械工业出版社，2012：301.

分奖励理论）是由心理学家莱珀提出的。该理论主要讨论内部动机和外部动机的关系问题。"① 该理论认为，当人们的行为是由内在动机激发时，人们的兴趣在于活动本身，活动即人们的目的；而当人们的行为是由外部动机激发时，人们的兴趣在于外在的奖励，奖励是人们的目的，而活动则可能只被当作手段。在后一种情况下，当奖励撤销时，人们对活动的兴趣也随之消退。1971 年，德西和他的助手通过实验证实了这一理论。"有关学者把这种现象称为'德西效应'，即随着奖励的逐渐减少，也降低了人们的积极性。"② 为了避免"德西效应"，奖励不能过于频繁，在进行奖励时要对学生解释奖励的原因是其在活动过程中的积极表现，引导学生关注活动本身。

（三）增强学生的学习自控力

学生是学习的主体，"在学生可以把握的方面，学生应该承担更多的自我管理责任。"③ 首先学生应该对自己的课堂行为保持有意识的关注。其次学生应该对自己的课堂行为是否符合课堂教学的需要做出判断。最后学生在判断的基础上约束自己的课堂问题行为，激发和维持学习行为。为了让学生有意识地关注自己的课堂行为，可以采用一种自主记录的方式。让学生自己记录在课堂上的行为，既可以是随堂记录，也可以在课堂结束时回忆。记录的方式，既可以是预先编制的表格，也可以是开放式记录。在一节课结束时，对记录的课堂行为一一做出是否符合课堂教学需要的判断，在做出判断的基础上提出改进的目标及方法。整个过程可以由学生自主完成，然后由教师检查。也可以由学生和教师共同完成。在这个过程中，教师要对学生积极的变化给予及时反馈，以增强学生的自信心和坚持性。L 老师会要求在课堂上经常出现问题行为的学生写检讨书（也可以称为保证书）。当学生的保证书写到第三份时就会联系家长。通过写保证书，让学生自己分析原因，认识到自己的错误，提出改正的目标和方式，这样有助于学生提高学习自控力，有意识地监控自己的行为。教师指导学生制订学习计划，并帮助和监督学生完成学习计划，也可以增强学生的自制力。学习计划是对学习的总体安排，能够为学生的学习提供方向和目标引导。

本次问卷调查发现，超过 70% 的学生认为制订学习计划对学好历史有帮助，

---

① 边玉芳等. 教育心理学［M］. 杭州：浙江教育出版社，2009：229.

② 边玉芳等. 教育心理学［M］. 杭州：浙江教育出版社，2009：229.

③ 古德，布罗菲. 透视课堂［M］. 10 版. 陶志琼，译. 北京：中国轻工业出版社，2009：71.

然而只有不到30%的学生喜欢制订学习计划，能够完成自己制订的学习计划的学生比例稍高于30%。详情见表10。在这种情况下，需要教师指导学生制订学习计划，为学生完成学习计划提供帮助，并扮演监督者的角色。通过监督学习计划的执行增强学生的自控力。

表10 学习计划制订行为调查结果

项目	比例				
	完全不符	基本不符	不清楚	基本符合	完全符合
我喜欢制订历史科目的学习计划	22.61%	26.96%	23.48%	20.43%	6.52%
我能够完成自己制订的历史科目的学习计划	12.17%	20.87%	33.48%	27.83%	5.65%
我觉得制订学习计划对学好历史是有帮助的	3.48%	5.65%	15.65%	43.04%	32.17%

（四）加强课堂行为管理

从教师加强课堂行为管理的角度来看，可以根据学生课堂问题行为的影响将课堂问题行为分为个体的课堂问题行为和群体的课堂问题行为。前者是指学生的课堂问题行为只影响自己的课堂学习，比如发呆、走神；后者是指学生的课堂问题行为影响到了别的学生，比如传纸条。影响别人的问题行为一定也是影响自己的课堂问题行为。两种不同影响的课堂问题行为，需要采用不同的策略来处理。个体的问题行为表面看来不严重，对课堂教学秩序的干扰不明显，不容易引起学生和教师的注意和重视。实则不然，此类问题行为对学生养成良好的行为习惯具有严重的负面影响，而且会影响学生对规则的认知，破坏学生的规则意识。同时个别学生的问题行为对其他学生会产生"潜移默化"的影响，如果教师对此"不闻不问"就会在课堂上树立反面的榜样，可能会引起其他学生效仿。因此，教师在教育教学中一定要正确认识并合理处理此类问题行为。对于此类课堂问题行为，在课堂教学过程中可以采用言语暗示、目光注视、提问等比较"委婉"的方式进行调控。影响别人的课堂问题行为比较明显，往往能够引起教师的注意和重视。对于此类问题行为，在课堂教学过程中一定要果断制止，比如不点名地批评，以保证课堂教学的顺利有序进行。

访谈中，四位老师都表示会对表现出问题行为的学生进行提醒，主要是通过眼神和语言。Y老师说："开小差比较难发现，主要也是提醒，有些学生你看着他人是在听课，实际上心不在，发现这种情况，还是提醒他回到课堂上来，主要是通过眼神，或者语言来提醒他。也会提问走神的学生。有时候会用很严厉的眼神盯学生，用语言提醒学生的时候语气会很委婉，比如'大家请注意听讲'。有时候也会提醒学生跟上课堂进度。"在处理学生的课堂问题行为时一定不要"纠缠"，要尽快从制止学生的课堂问题行为回到课堂教学上来，以免影响课堂正常教学，留待课后做进一步的处理。

教师也可以通过向学生提出自己的期待来调控学生的课堂问题行为。当教师明确表达自己期待的行为时，首先给学生提供了行为的目标，让学生知道在课堂上应该怎么做；其次让学生更有表现的欲望，让学生愿意表现，以达到教师期待的状态。

（五）做好课前准备

历史课本、历史地图册、笔、笔记本、参考资料这些学习用品基本上是每节历史课都需要的，可以要求学生在每节历史课上课之前都准备好。如果某节历史课有特殊需要，可以提前通知学生。比如在某节课结束时可以提醒下节课需要学生特别准备的物品。物品准备好了之后，学生可以主动回忆已经学过的知识，想不起来的可以翻书、翻笔记。在新课开始前可以利用课堂导入来引导学生复习已经学过的与新课相关的知识，这样一方面可以帮助学生做好知识准备，另一方面也可以通过学生反馈的情况了解学生对已学知识的掌握情况。当物质准备和知识准备做好了，学生的心理准备也就做好了。M 中学的每个班在每节历史课上课前都会由历史课代表领读一段历史课本的内容。Y 老师说："课代表很重要，有些课代表比较积极，也有威信，只要他在上课前带领大家读书，就基本能够带动全班同学，有些课代表就比较内敛，有些课代表还会忘记课前读书。另外班风也很重要，班风比较好的班级，上课前学生早早就进教室了，走廊上根本看不到人。而班风比较差的班级，甚至在上课铃响之后还有学生在走廊上。"为了避免因课代表不积极而引起的问题，可以找学生专门负责领读，或者找几个学生轮流负责。更重要的是加强班级管理，改善班级学习风气，提高全班学生的学习积极性。

（六）改进学习方法

前文已有叙述，本次问卷调查显示学生对学习方法的认知和掌握情况并不乐观。本次调查还发现，只有大概25%的学生喜欢向老师请教学习历史的方法，有接近40%的学生喜欢自己总结学习历史的方法，喜欢与同学交流学习历史的经验和方法的学生不足 40%。由此看来，学生对学习方法的学习并不是特别热心。详情见表 11。

表 11　学生对学习方法的学习情况调查结果

项目	比例				
	完全不符	基本不符	不清楚	基本符合	完全符合
我喜欢向老师请教学习历史的方法	19.57%	31.30%	22.61%	21.74%	4.78%
我喜欢自己总结学习历史的方法	12.45%	22.32%	27.04%	27.04%	11.16%
我喜欢与同学交流学习历史的经验和方法	16.52%	21.74%	24.35%	28.70%	8.70%

改进学生的学习方法是调控学生课堂问题行为的需要，也是实现教学目标的需要。让学生"学会学习"本身就是教学目标的一部分。教师可以通过组织专门的学习方法指导课来对学生进行学习方法的指导，比如利用导言课和复习课进行学习方法指导。由于历史课在课时安排上不够充足，组织专门的学习方法指导课显得很"奢侈"，那么在课堂教学过程中渗透学习方法的指导就显得非常具有必要性和可行性。历史学科需要记忆的内容比较多，在讲到需要记忆的内容时可以一并讲授记忆的方法，比如歌诀记忆法、表格记忆法、关键词记忆法、数字记忆法、谐音记忆法、联想记忆法、比较记忆法、归类记忆法、形象记忆法等。笔者在教育实习时，在一节复习课上就历史事件的分析方法，曾以鸦片战争为例，从"人物、时间、地点、背景及原因、经过、评价及影响"等方面分析。当时效果还可以，学生的接受度挺高。在访谈中，F 老师讲如何分析历史事件时，把历史事件比作一条鱼，把鱼分成鱼头、鱼身和鱼尾三部分。那么鱼头就代表一个历史事件的背景、原因、条件、目的等因素；鱼身就代表一个历史事件的过程，也包括性质和特点；鱼尾就代表一个历史事件的结果、影响和评价等。这个比喻具体形象，更加有助于学生理解和把握。课堂教学是面向全体学生的，集体教学未必能够满足每一位学生的需要。因此，在集体教学之外需要个别辅导作为补充。个别辅导的对象可以是个人，也可以是几个情况比较类似的学生。除了由教师教授学习方法之外，更重要的是鼓励学生自己总结学习方法。首先，学生有能力自己总结适合自己的学习方法，有近 40% 的学生喜欢自己总结学习方法，即是证明。其次，学习是个性化的，学习方法也是个性化的，不存在"授之众生而皆宜"的学习方法。正所谓"适合的才是最好的"，学生自己总结的学习方法才是最好的。最后，"学会学习"也是教育教学

的目标之一，能够自己总结学习方法即是"学会学习"的应有之义。学生自己总结或学到的学习方法可以和其他同学分享，通过学生之间的相互交流、相互学习共同提高。鼓励学生分享自己的学习方法，可以给发现好的学习方法的学生一定的奖励，比如以他/她的名字来命名或者由他/她来命名其总结出的学习方法。

（七）改善学习环境

首先，优化课堂教学的物质环境，这里主要是指调适教学设备，尤其是改善多媒体的质量和调试效果，使投影仪投影出来的图像达到最佳效果，保证所有学生都能看清。其次，改善课堂教学气氛。课堂气氛会对学生个体形成一种群体压力，使学生产生从众行为。积极的课堂气氛有助于调控学生的课堂行为。

作息时间的安排影响学生的休息以及自由时间的多少，进而影响学生对学习时间的分配和利用。在本次问卷调查中，从每天"有多少时间可以自由安排"和"为完成当天学习任务，需要多少自由时间"两个问题上可以看出，44%的学生认为自己没有足够的自由时间。见图1。

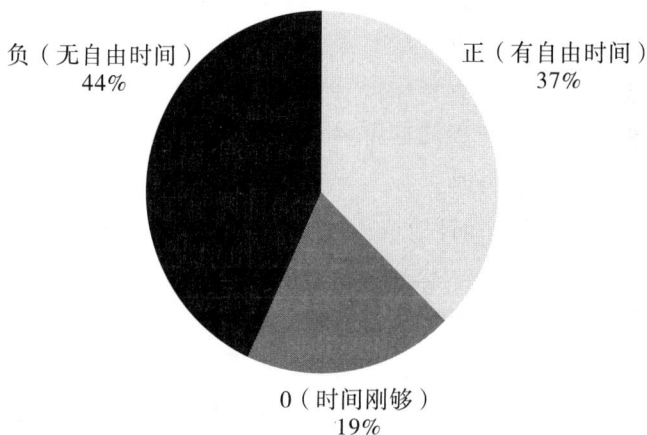

负（无自由时间）
44%

正（有自由时间）
37%

0（时间刚够）
19%

图1　学生自由时间"有－需"差

从学生花在高中九门学科的时间多少来看，历史学科分配的时间也不多。历史学科在学生各学科花费时间中的排序比较靠后，花费在历史学科上的时间排在第五位及以后的学生比例超过了 82%，排在第七位及以后的学生比例大约为 52%。详情见图2（图中 1～9 分别代表排名名次，如"1"表示排名第一，以此类推）。

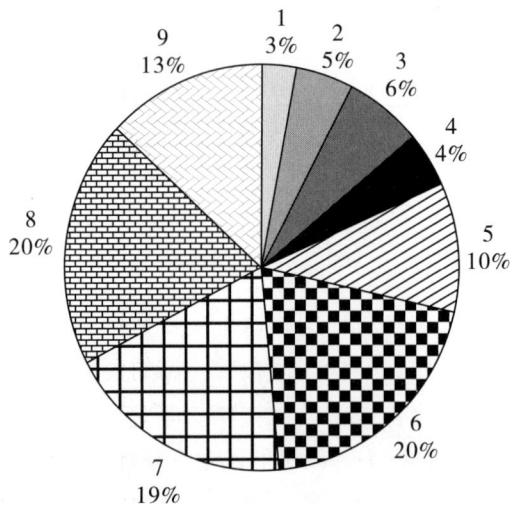

图2　学生为历史学科花费的时间在九门学科中排序情况

　　学生需要更多的时间自由支配，而现实中学生没有足够的自由时间，调整作息时间表是学生的现实需要。在当前的作息制度下，学生睡得晚，起得早，睡眠不足；课程安排多，自习少，学生的自由时间不足。综合两种情况，学生容易生理疲劳，易引发课堂问题行为。压缩课时，给学生更多的休息时间，以保证充足的睡眠；给学生更多的自由时间，让学生可以根据自己的实际情况给"弱势"学科分配更多的学习时间，以补齐短板。

四、结　语

　　课堂是教师和学生在一定的场域内，有目的、有计划地组织、实施教学活动的过程。我们可以把课堂这个过程看作由此及彼的路，教师是领路人，学生是赶路人。在这条路上，学生有的在前，有的在后，有的快，有的慢，有的不紧不慢，有的在路上，有的在路外，还有的时而在路上、时而在路外……我们把学生那些不在路上以及与目标背道而驰的行为视为课堂问题行为。课堂是一个动态的过程，学生也处于动态转换之中。实际上，学生的课堂问题行为反映的是学生的状态，当学生表现出问题行为时，即意味着学生处于偏离课堂教学过程的状态。此时，作为赶路人的学生有责任提醒自己回到课堂上来，作为领路人的教师也有责任提醒学生回到课堂上来。

　　学生在课堂上表现出问题行为的原因是多方面的，有学生的原因，也有历史学科和教师的原因，还有环境的原因。减少学生的历史课堂问题行为可以采取相应的策略如提高课堂吸引力、增强学习动力、增强学习自控力、增强约束力、改善教室环境和调整学校管理等。具体来看，学生面对的是同样的学科、同样的课堂教学，而行为表现却大不相同。显然有其他的因素影响着某个学生及其具体的问题行为。当面对某个学生或某个具体的问题行为时，教师要具体问题具体分析，找到其直接原因和深层原因，精准施策。问题行为各有不同，产生原因因人而异，采取的策略也应因人而异。

学生的课堂问题行为有的是偶发的，有的已成习惯。为了减少学生的课堂问题行为，所采取的调控策略，既要有时效性，也要有长效性；既要有针对性，也要有综合性。新的行为习惯代替旧的行为习惯是一个长期的过程，对此学生和教师应有充分的认识和准备，要通过有针对性、综合性、长时间的调整，使学生最终能够达到良好的状态，更多地参与到课堂活动中，更少出现偏离课堂的行为。

参考文献

[1] 克里克山克，贝勒尔，梅特卡夫. 教学行为指导 [M]. 时绮，等译. 北京：中国轻工业出版社，2003.

[2] 苏·考利. 学生课堂行为管理 [M]. 3 版. 范玮，译. 北京：教育科学出版社，2009.

[3] 李月霞. 喜欢你，因为你不听话 [M]. 桂林：广西师范大学出版社，2010.

[4] 向葵花. 中小学学生学习行为研究：旨在改进学生生活与发展状态的学习行为分析 [D]. 武汉：华中师范大学，2014.

[5] 向佐军. 中学历史课堂的问题行为及对策研究 [D]. 武汉：华中师范大学，2007.

[6] 陈时见. 课堂问题行为的管理策略 [J]. 基础教育研究，1998（6）.

[7] 李志，张继梅. 课堂问题行为及控制 [J]. 中小学教师培训（中学版），1997（4）.

[8] 刘恩允. 中小学生课堂问题行为的成因分析及管理对策研究 [J]. 山东教育，2002（29）.

[9] 马宏彦. 中学生课堂问题行为的调查与思考 [J]. 普教研究，1993（3）.

[10] 孙璐，叶珊. 课堂问题行为心理分析及应对策略 [J]. 现代中小学教育，2004（10）.

[11] 张彩云. 中小学生课堂问题行为干预研究的新进展 [J]. 中小学教育，2015（6）.

中学历史课程融入边疆安全教育的实践策略

——以崇左市为例

胡小安　韦飞宁　刘芷均　黄胜恩

　　近年来，边疆安全教育引起社会的广泛关注，并逐渐成为中学教育的一部分，历史课程具有德育教育功能，能够促进中学生对国家安全教育和爱国主义教育的深入了解。因此，将历史课程融入边疆安全教育具有广泛意义和深远影响，本文以崇左地区若干中学的案例为例，探讨中学历史课程融入边疆安全教育的相关问题。

一、历史教育融入边疆安全教育的现状及重要性

　　国家安全是一个国家和民族进行长远发展最基本的要求，具有非常重要的意义。当前我国国家安全的内涵和外延比历史上任何时候都要丰富，时空领域比历史上任何时候都要宽广，内外因素比历史上任何时候都要复杂，必须坚持总体国家安全观，以人民安全为宗旨，以政治安全为根本，以经济安全为基础，以军事、文化、社会安全为保障，以促进国际安全为依托，走出一条中国特色国家安全道路。

　　边疆安全从属于国家安全，是国家安全中非常重要的一环，与国防教育、爱国主义教育、文化安全教育及家国情怀教育等方面关系密切。中学历史教育是培养青少年家国情怀和国家安全教育的主阵地，将历史课程融入边疆安全教育已成为现阶段不少边疆学校发展过程中的亮点。历史课程自身具有德育功能，它真实地记录了中华民族的发展变化，展现了世界人民的成长历程，是一部映射过去的照相机，也是一面反映人类文化的镜子，更是一条指引未来的道路。正如高等教育出版社总编辑张海鹏介绍，普通高中历史教材重点学习内容有四个方面：一是中华 5 000 多年文明史，教材内容涵盖了中华优秀传统文化所包含的核心思想理念、传统美德和人文精神，有利于引导学生形成对中华文化的认同感，树立正确的文化观；二是中国人民 170 多年斗争史和中国共产党 90 多年

奋斗史；三是国家主权、海洋意识教育；四是民族团结进步教育。每一个方面都包含习近平总书记所指出的总体国家安全观的内容。2017 年制定、2020 年修订的《高中历史课程标准》也明确指出："历史课程最基本和最重要的教育理念，是全面贯彻党的教育方针，切实落实立德树人的根本任务，坚持育人为本、德育为先，使历史教育成为形成和发展社会主义核心价值观的重要途径。发挥历史课程立德树人的教育功能，使学生能够从历史的角度关心国家的命运，关注世界的发展。"以上值得教师们深刻体会、认真研究，并结合边情、校情、教情和学情开发出优秀的课例和课程。

历史教师在授课过程中，多以讲述历史知识与烘托教学情境相结合，旨在引起学生对历史的深入思考，激发学生的爱国热情和民族情感，培养学生形成正确的思想、态度和价值观。中学生正处于世界观、人生观和价值观的形成时期，国家安全教育成为一门重要的课程，通过历史课堂的讲述，中学生能够了解国家安全知识，理解国家安全的重要性，增强为祖国繁荣昌盛贡献自己力量的责任感。因此，历史教育应该主动融入边疆安全教育，努力承担起这一使命，培养广大中学生形成正确的国家安全意识和国家安全观。

目前，大部分学校的历史教师在授课时会渗透国家安全教育，一些学校邀请革命老军人进校园，给学生们讲述亲身经历的战争故事。一些地区的历史教师利用红色资源及遗址遗迹给学生展现了一堂堂生动的安全教育课。学校及历史教师的重视，能够将边疆安全教育最大程度展现给中学生。但是，将历史课程融入安全教育，在一些偏远山区或乡镇仍有进步的空间，这主要归因于偏远山区的经济水平较为落后，在资金和培训支持方面的力度有限。因此，要将历史课程融入边疆安全教育，就要对边疆地区的学校及历史教师进行培训和指导，使其深入了解边疆安全教育对广大中学生的重要性，加大对安全教育的重视程度，切实做好历史教育与安全教育的联系工作，推动中学生思想观念的正确发展。

"少年智则国智，少年富则国富，少年强则国强"。将历史课程融入边疆安全教育，一方面，有利于中学生全面了解我国的国家安全政策，理解国家安全战略方针的倾向，自觉承担起维护祖国安全、荣誉和利益的义务。国家安全教育，能够为国家和人民提供精神动力，尤其是危机发生时或国家处于不安全状态下，它所具有的渗透力、号召力、战斗力能够充分发挥旗帜作用和巨大的精神力量，形成举国之力抗击威胁、灾难和困难。[①] 另一方面，在历史课堂上渗透边疆安全和家国情怀教育，能够引起中学生对历史知识的学习兴趣，加深他们

---

① 夏海燕. 中学生国家安全教育的问题与对策研究 [D]. 苏州：苏州大学. 2010.

对历史课程的理解与思考，深切地感受到先辈对祖国的热爱，从而激发他们的爱国情感和社会责任感。这也是落实历史核心素养家国情怀的必要途径。并通过中学生的大力宣传，达到全民认识国家安全重要性的目标。

"安而不忘危，存而不忘亡，治而不忘乱"，国家为了增强全民国家安全意识，维护国家安全，将每年的 4 月 15 日设立为全民国家安全教育日。历史教师要对此决定的原因（一般认为是 2014 年 4 月 15 日，习近平总书记在中央国家安全委员会第一次会议上首次明确提出了"总体国家安全观"）和意义进行讲述，让大家认识到这是贯彻总体国家安全观、构建国家安全体系的要求，中学生要广泛参与全民国家安全日，弘扬国家安全法和国家安全制度，做有理想、有道德、有文化、有纪律的新时代青少年，汇聚起维护国家安全的强大新生力量。

二、历史课程融入边疆安全教育的案例分析

（一）崇左地区的整体实践

广西崇左地处祖国西南边疆，也是多民族聚集地区，该地区有十分丰富的边疆历史课程资源，拥有花山岩壁画、镇南关抗法遗址、龙州法国领事馆、龙州铁路筹修遗址、辛亥革命时期的镇南关起义遗址、左江红军革命根据地遗存、龙州起义纪念馆等大量珍贵的文化和革命遗址。各学科尤其语文、历史、政治等学科教师在教学时常利用这些乡土资源，拉近与学生的距离，使学生近距离感受家国情怀，激起维护国家安全的豪迈之气。

自 2002 年起，广西壮族自治区党委宣传部先后在边境一线、海疆一线和少数民族乡的行政村实施"国旗工程"，开展爱国主义、国防建设和民族团结教育。崇左边境家家户户以及各个学校都悬挂国旗，各中小学还经常举办"我与祖国""国庆日""抗战胜利日"为主题的爱国主义教育大讲堂活动，邀请老红军、抗战老兵和参加过对越自卫反击战的英雄，进校讲述他们的战斗经历以及革命前辈保卫祖国的奉献精神，带领中学生走进历史现场，激励他们的民族精神和爱国之情。

广西民师院附中作为崇左市重点中学，一直以"成就每一位学生的美好未来"为教学理念，重视爱国主义教育、国防教育，被评为"2018 年中小学国防教育示范学校"。2019 年 9 月，广西各地开展了形式多样的国防教育活动，通过齐唱国歌、向国旗宣誓、书写国防字画的方式表达青少年对祖国的热爱之情。崇左各地中学积极参加，融爱国爱家爱民族为一体，举办了丰富多彩的活动。在全民国防教育日当天，广西民师院附中与崇左高级中学的学生走进崇左武警

支队，通过观看军事科目演示、体验军营训练和生活的方式，亲身感受国防文化，深刻理解国防安全的意义和价值。崇左市大新县、凭祥市等地中学通过开展军训、学生进军营、英雄进校园、民族文化进校园、国家安全政策进校园等活动，积极开展边疆安全教育，取得良好效果。

（二）落实国家和边疆安全教育的中学历史教学课例

在中学，最好的国家安全教育途径在于将课程教学与之紧密结合起来，学生们在学习知识、落实课标的过程中，牢牢树立国家安全和边疆安全的观念，真正做到入脑入心。以下略举崇左 M 中学、D 中学、C 中学等若干几个历史课程教学设计或者课例片段，来说明历史教师是如何通过有效的教学，开展国家和边疆安全教育的。

案例一　某教师对八年级上册第二单元"近代化的早期探索与民族危机的加剧"第 4 课《洋务运动》的教学设计

基本思路：教材有三个子目即洋务运动的兴起、创办近代军事和民用企业、建立新式海军。教学设计要整合这三个内容。教学立意试图落在"传统王朝面临新的历史潮流如何维护国家安全"，并以此来整合教材。重点在洋务运动的内容，难点在于评价该运动和理解传统王朝为什么不能真正维护近代国家的安全。（最新统编版高中教材《中外历史纲要》关于洋务运动的内容中就明确有"洋务派期望洋务新政可以保障国家安全"）

清廷面临安全危机——内忧外患：洋务运动的背景。

回顾第一次鸦片战争结束、《南京条约》签订，清王朝不再享有完整独立的主权，中国社会的自然经济遭到破坏，开始从封建社会变为半殖民地半封建社会。同时太平天国运动爆发，第二次鸦片战争爆发，清王朝既面临传统王朝末期的通病——各种腐败丛生、对百姓的剥削加剧，又面临"三千年未有之变局"——外国资本主义列强的入侵。这是 20 世纪 60 年代至 90 年代清王朝一直面临的国家安全问题，也是清王朝存亡之秋。

解决安全危机之道——自强运动：洋务运动的内容。

经济自立：创办不少民用企业，采取官办或者官督商办的方式。最终想法是用自己的产品取代外国产品，重商主义逐步成为主流，取得了一定成果。可以结合崇左的教学实际，补充中法战争后龙州开埠和南宁开埠给边疆地区带来的经济变化。但是最终结果：低端技术与产品得到发展，高端技术和产品没有，竞争力不大，资本缺乏。原因：没有改变官府经商的传统思路，腐败盛行（官商胡雪岩是典型例子）。高端技术缺乏还在于教育与科技薄弱。

军事自强：经历了中法战争、甲午战争等一系列的失败，没有意识到军事是一场综合国力的较量，传统的军事优势（如兵马、人海战术）在近代战争方式和武器面前丧失，人民战争和现代战争理论及实践又缺乏。

文化自固：坚持"中体西用"最终也失败，就在于太过顽固，不清楚哪些是优秀的、哪些是糟粕。后来中国共产党提出新民主主义文化理论，提出了对传统文化"去其糟粕取其精华""古为今用洋为中用"的原则，创造"民族的大众的先进的文化"，指明了文化发展的正确道路。补充今天"三个代表"和"四个自信"等马克思主义中国化关于文化最新的成果等资料，进一步阐述什么是文化自信而不是盲目守旧。

旧朝廷无解新危机——保皇保国？洋务运动的评价。

分析洋务运动失败的深层原因，就在于保朝廷还是真正地保中国？统治者选择了保朝廷，所以不可能改变封建统治制度，不能否定"三纲五常"，不愿放弃统治者的利益，只能在朝廷圈定的框框里小修小补，也即李鸿章晚年所感慨的："我办了一辈子事，练兵也，海军也，都是纸糊的老虎……不过勉强涂饰，虚有其表。"从而认识到洋务运动客观上促进了中国民族资本主义的产生，对外国资本的入侵起到了一定的抵制作用，但由于洋务运动的根本目的是维护、巩固清政府的统治，加上清政府内部的腐败和外国势力的挤压，没有使中国走上富强的道路。

延伸思考：洋务运动是否彻底失败？为什么？

就当时来说，不能说洋务运动就彻底失败了或者在甲午战争以后就停止了。因为从清王朝来说，甲午战败后一直至清朝灭亡前的一系列做法，比如戊戌变法、办新式学堂、引进外资、允许民间办厂、清末新政的一系列改革，仍然是在办理洋务。不过从我们后来学史者的角度来看是不一样。

以上设计基本上围绕着传统王朝保障国家安全的措施，可以说是传统王朝的整体国家安全观。但是其结果是屡屡失败、丧权辱国、最终灭亡。重点在于引导学生思考传统王朝维护国家安全中哪些措施是有用的，哪些措施是无用、甚至适得其反的。

案例二　某教师对高中《中外历史纲要》（上）第17课《寻求国家出路的探索和列强侵略的加剧》的教学设计

大致思路：高中新教材这一课内容很多，有"太平天国运动""洋务运动"等子目，每一目都可以用1个课时（初中教材相关内容是每课单列，统编版以前的高中教材大部分也是单列成课。鉴于初中阶段已经学习过，所以统编版教材合为一课）。其中第三目"边疆危机与甲午中日战争"主要叙述了三个大事件，即左宗棠收复新疆、中法战争和甲午战争，属于典型的边疆危机引发全国安全危机的事件。可用"边疆安全牵动国家安全"的教学立意来设计。

传统边疆，治理稳了吗？

展示相关材料，说明历代尤其清代治理新疆、西南边疆、东北边疆和对待藩属国的情况，以及存在的问题；历代在边疆实施羁縻制、土司制到改土归流的过程。清代康乾以后，在新疆设置伊犁将军统一管理新疆各地的驻兵屯田事务，其下设都统、参赞大臣、办事大臣等，分别管理伊犁、乌鲁木齐、塔尔巴哈台、喀什噶尔等地区，在新疆存在着扎萨克制、伯克制和郡县制。在西南边疆少数民族地区实行土司制度，在康、雍、乾时期不断进行改土归流。在东北设置奉天将军、吉林将军和黑龙江将军，有八旗制度、郡县制度以及民族传统管理方式等。但是共同的问题是：官员腐败、军队腐败、官民及军民关系紧张；边疆与内地的联系不足，交通不便，经济落后、信息沟通和军事能力严重欠缺；文化教育不足，国家认同不强，等等。

新的危机，准备好了吗？

展示材料，说明 19 世纪 70 年代边疆危机的新因素，即西方列强和日本凭借工业革命的成就和空前的军事能力侵犯中国边疆，妄图侵占中国领土和变其为列强的殖民地。概言之，面临新的时代、新的敌人、新的技术、新的侵略方式，清王朝准备了什么？有洋务运动前期的成果，在武器上有所改进；有海防塞防之争，确定二者并重（但是实际上由于经费有限，两者都很难得到发展）；选择有一定才能的将领。但是本质不变：没有新的军事系统、没有完全了解外国（甚至连日本都不了解或者不屑了解）、没有减轻腐败、没有新的宗藩关系、没有新的边疆政策、没有重视具有远见的人才、没有发展资本主义经济和改革政治等。这种情况下大概是会失败或者不败而败。

签约之后，反思够了吗？

展示材料：新疆的边疆危机，左宗棠、刘锦棠等爱国官兵在广大人民的支持下，采用了正确的战术，加上阿古柏内部矛盾，1878 年取得了一定胜利。但是沙俄继续霸占伊犁等地，清朝大臣崇厚在俄方的讹诈下于 1879 年签订了不平等的《中俄交收伊犁条约》，后经曾纪泽等人的艰苦谈判，于 1881 年签订《中俄伊犁条约》（亦称《中俄改订条约》）等，挽回了部分权利，但是由于沙俄的蛮横和清王朝对边疆地理、边情民情并不了解，对国际形势包括俄英在中亚的矛盾、中亚各族人民与俄英殖民者的矛盾也不知悉，清政府未能运用各种条件争取更大的利益，还是损失很大，全疆行政中心被迫由伊犁转移到乌鲁木齐，等于在战略上退却了不少；1884 年新疆建省，设立巡抚统一管理全疆。

中法战争在冯子材等爱国官兵的努力下，1885 年取得镇南关大捷等陆战的一定胜利，但是海战惨败，福建海军全军覆没。战后签订中法《天津条约》，中国进一步丧失了边疆包括对藩属国越南的一些权利。1885 年台湾建省，同年成立海军衙门。

甲午中日战争的危机最先从藩属国朝鲜的问题引发，在 1894 年秋黄海海战结束以后，一部分日军从东北侵入中国，这也是典型的边疆安全引起全国性的国家安全危机。

展示材料，归纳清王朝在历次危机之后的反思：第一次鸦片战争以后，出现了魏源《海国图志》、徐继畬《瀛寰志略》等介绍西方的书籍；第二次鸦片战争以后，成立了总理衙门，开展了洋务运动；受沙俄支持的中亚浩罕国阿古柏入侵新疆，日本、法国窥伺台湾之后，开始争论"海防塞防"，筹建新式海军；中法战争和甲午战争之后，开始重新认识藩属国问题和移民实边、开发边疆，在新疆、台湾、东北建省，加强治理，全国开始"百日维新"。

这些反思和修补行动是必要的且有成效的，但仍然是被动的，属于"头痛医头，脚痛医脚"，既无整体规划，也无根本变革；既没有制定国际规则的能力，也不愿融入或者利用国际规则争取更大的利益；既不愿放弃旧统治者的既得利益，又不能解决新形势下各阶级、各阶层、各民族错综复杂的矛盾，结果边疆问题和国家问题都难以得到根本解决。

延伸思考一：新的形势下该如何应对边疆安全危机？

应对的基本前提是了解国际大势和边疆社会，所以 19 世纪 70 年代以后清政府逐步派遣外交使节到各国，开始实地了解国际，国内研究边疆的风气逐渐浓厚，开始切实了解边疆。不过在当时守旧派占据上风、盲目排外的势力很大的情况下，决策层是否愿意和能够掌握真实情况是要打折扣的（可以举郭嵩焘和薛福成的例子）。在真实全面了解国际国内和边疆的情况后，要结合传统有效经验和国际新的经验和规则，以建构统一多民族的近代化国家为整体思路，应对边疆危机，即要在维护统一多民族国家的前提下，逐步实现政治、经济、文化、教育、军事、外交的近代化，才能真正应对和解决边疆危机。这在清王朝显然是做不到的。

延伸思考二：如何看待谈判对于挽回利权的作用以及"落后就要挨打"的内涵。

从曾纪泽代表清政府与沙俄谈判取得的成果入手，以《中俄改订条约》与之前崇厚签订的《中俄交收伊犁条约》作对比，引导学生首先要思考的是，一份条约，哪些条款是当时朝廷不愿接受的，哪些按照国际惯例是必须的；哪些实际上对统治者有利，哪些对人民有害；哪些短期来看有利或有害，哪些长期来看有利或有害等，哪些是可以通过谈判解决的？哪些是不可以的？其次，"落后必然挨打"的落后仅仅指军事落后吗？科学文化的落后、信息沟通的落后、对国际规则和国际关系掌握分析的落后、对国际话语权参与的落后等，是否是更加严重的落后？"挨打"一定是军事上的挨打，还是一切丧失权利和遭人歧视的结局都是"挨打"？

这一课围绕已经逐步进入半殖民地半封建社会时代的边疆危机和国家安全问题来设计，把近代中国边疆问题摆在国家安全的重要地位上来讨论。引导学生从边疆思考国家，纵贯不同历史时期的边疆治理和对边疆的认知，来观察在资本主义、殖民主义全球扩张背景下中国边疆面临的新形势新问题。三个大事件都发生在1870—1890年，是西方列强逐渐进入帝国主义扩张阶段、东亚日本强势崛起，中国洋务运动取得一定的进展、但是仍处于腐朽的清朝统治之下的应对，三件大事环环相扣，给清王朝的震动各不相同，但是清政府在应对边疆危机等问题上仍然是一贯的思路。

案例三　高中必修一《中外历史纲要》（上）第23课《从局部抗战到全面抗战》、第24课《全民族浴血奋战和抗日战争的胜利》

课标：了解日本军国主义的侵华罪行；通过了解正面战场和敌后战场的抗战，感悟中华民族英勇不屈的精神，认识中国共产党是全民族团结抗战的中流砥柱；认识中国战场是世界反法西斯战争的东方主战场，理解十四年抗战胜利在中华民族伟大复兴中的历史意义。

设计思路：第23课有三小目："局部抗战""全面抗战的开始""日军的侵华罪行"；第24课有四小目："正面战场的抗战""敌后战场的抗战""东方主战场""抗日战争的胜利"，这两课可以整合在一起，以"内促团结进步外联盟国友邦是打败侵略者、维护国家安全的根本"为教学立意。重点在理解三个战场的形成和意义。

血泪松花江：恶敌觊觎逾我墙。

展示材料：对日本1894年甲午战争以后把朝鲜变为殖民地，1904年日俄战争后侵入中国东北，1931—1935年制造九一八事变、迅速吞并整个东北并扶植"伪满洲国"，进而蚕食内蒙古和华北进行简要梳理。中国从1931年开始局部抗战，进行过东北抗战（东北军爱国官兵和共产党领导下的东北抗联）、长城抗战等，这是中国凭借一己之力抗击强敌保卫国家与民族安全的艰苦抗战典型。所有侵华罪行可以在这一幕中予以展示。

黄河大合唱：民族团结驱虎狼。

叙述1936年西安事变和平解决之后，抗日民族统一战线逐步形成的过程，强调国共第二次合作的形成和意义，展示材料：1937年七七事变的第二天，中共中央发出《为日军进攻卢沟桥事变告全国同胞书》：全中国的同胞们！平津危急！华北危急！中华民族危急！只有全国民族实行抗战，才是我们的出路，我们要求全国人民用全力援助神圣的抗日自卫战争，我们的口号是：武装保卫平津，保卫华北！不让日本帝国主义占领中国寸土！为保卫国土流最后一滴血！

1937 的 7 月 17 日，蒋介石在庐山发表准备抗战的演说，提出："如果战端一开，那就地无分南北，年无分老幼，无论何人皆有守土抗战之责任"。

本部分强调国内各民族各党派各地区团结一心奋勇抗战的历史，梳理正面战场（包括共产党领导的武装配合正面战场的行动）和敌后战场的主要战役，展示两个战场同样的重要性和英勇牺牲。落实"全民族团结御敌是胜利之本"的教学立意和家国情怀教育。

巍巍延安塔：中流砥柱今尚在。

叙述中国共产党作为民族精神和民族先进力量的代表，显示其维护民族团结，促进国家政治进步、人民生活改善，坚持团结、进步、抗战，反对分裂、倒退、投降的中流砥柱作用，展示中国共产党团结国民党和民主党派，积极促进国民参政会健康发展，在根据地实施"三三制"、建设廉洁高效政府，组织回民支队、蒙古族抗日力量等史料。

会师太平洋：位列四强争荣光。

叙述国际反法西斯同盟的形成过程，突出中国是国际反法西斯战争的东方主战场，落实"外联盟国友邦"是抗战胜利的另一重要因素的教学立意。展示史料：美国飞虎队、中缅公路、中国远征军、开罗会议、盟国宣布废除与中国的不平等条约、《联合国家宣言》显示中国是联合国创始国之一、《波茨坦公告》等。中国作为大国第一次被国际认可，顺理成章地过渡到抗日战争胜利的原因和意义。

延伸思考：作为半殖民地半封建社会的中国，应该如何利用国内和国际因素，维护国家安全和统一？简而言之，内要有国家的中坚进步力量，即有正确的领导和广大依靠力量；外要有正确的国际形势判断和选择，即俗话所说"正确站队""得道多助"。

以上三个案例分别讲述了近代中国不同时代、依靠不同力量来维护国家安全的事例，即传统王朝初遇近代文明和资本主义列强入侵的整体思路；接受了近代技术和部分规则之后，应对边疆危机和抵抗入侵；中华民国成立以后，近代化政治经济军事文化有了进一步发展，尤其有了中国共产党作为中流砥柱的全民族抗战并取得彻底胜利。三者可以看成一个渐进的整体，亦呼应了教材单元设计"列强入侵、中华民族抵抗和探索国家出路"的意图。

在中学历史教学中可以作为国家安全教育的内容很多，比如中国历史上汉代和匈奴的关系、西汉西域都护府的运行，唐代前期和后期对西域的政策问题，辽宋金关系问题，抗美援朝等；世界历史上的近代以来殖民地、半殖民地人民反抗殖民者的斗争，两次世界大战，不结盟运动和三个世界的斗争，世界多极化格局形成和发展等，都可以对应总体国家安全观中的任何一点来使用，让广大中学生在历史学习中潜移默化地接受国家安全和边疆安全教育。

三、存在问题与对策建议

崇左各地中学认真开展国家边疆安全教育，取得不少优秀经验，但是基于各自的主客观因素，还存在一些不足。现简要梳理如下。

（一）存在问题

综观目前不少边疆地区的学校，在落实课程思政，将课程尤其依据学科特点开发优秀课例和校本课程来融入边疆安全教育方面做得还不够。主要表现为以下几点不足。

第一，学校对校本课程的开发重视程度不够，缺乏多样性。部分学校利用多种方式开展安全教育，但大都借助校外的资源和力量，较少利用校内资源来开发校本课程。而运用爱国主义教育资源开发高中历史校本课程是历史学科教育任务的要求。

第二，边疆安全教育融入历史课程教学还较欠缺。历史教育和爱国主义教育是密不可分的，然而，高中学生学习任务重，教师对学生爱国主义的培养还有提升的空间。教师要认识到，历史教育的任务除了传授知识，还要帮助学生在学习历史的过程中树立正确的世界观、人生观、价值观，认识并弘扬以爱国主义为核心的国家意识。[①] 在初中、高中历史课程中，可以作为国家安全教育的课程内容很多。

第三，由于边疆地区大多处于祖国的偏远地区，经济上与一些发达城市存在一定的差距，尤其一些乡镇、山区更是如此。这些地区的学校在安全教育上认识不够深入，社会、学校、家庭三方面配合不到位，导致国家安全教育在实施上有所不足。

第四，开展边疆文化安全教育的途径还比较单一。如果只是在校园开展活动尤其只是依靠历史课堂来进行国家安全教育，很难持续吸引学生的兴趣，在

---

① 李妍. 初探爱国主义教育资源在高中历史校本课程开发中的运用 [J]. 黑河教育，2018（7）：32-33.

国家安全意识进校园、进课堂、进教材、进头脑方面的效果很有限。历史教学本身就包含各种课外活动，尤其要发挥学生主体作用，依靠各种研究性活动或者课题探究来动员学生，既能提高其兴趣，也能培养其核心能力。

（二）对策建议

针对以上问题，基于国家战略需要和边疆安全理论，结合各边疆地区中学开展历史教育的经验教训，特提出以下对策建议：

第一，以历史学科为主，集中各科师资力量做好校本课程。学校要根据学生的认知程度和本地区、本校的实际情况，积极开发边疆安全教育的校本课程，在班级进行主题教育班会课。通过校本课程，加强学生理论上的学习，进行常态化教育和学校的全员覆盖，加之学校与军营、博物馆等地联合举办的实践体验课，使学生接受全方位的系统化学习，加深学生的国家安全意识和社会责任感。校本课程的开发和教材的编写，可以由历史学科组牵头，融合政治、地理、语文和信息等学科，既联合了各科师资力量，也可以打通学科之间的壁垒，有利于学生对知识的融会贯通，共同完成立德树人的任务。校本课程可以专门以"国家和边疆安全教育"为主题，也可以在其他专题中融入国家安全教育。校本课程的建设包括教材的编写，应该让学生积极参与，在课程中体会国家安全与边疆安全教育的潜移默化之功。

第二，积极开发优秀课例，充分发挥历史课程的国家安全教育功能。历史学科本身具有德育功能，记录了中华民族和世界的悠久历史，能够自然地将历史课程融入安全教育和爱国主义教育。历史教师在授课过程中，要结合中学生的思维特点和兴趣点，巧妙设计历史课堂，吸引学生的学习兴趣，将历史课程与安全教育有机地结合在一起。例如：教师在讲述中外交流和经济全球化的内容时，可以展现中华民族优秀传统文化增强文化自信，展示中国在经济全球化浪潮中取得的成就——积极参与国际合作、消除贫困和不公平、维护国家经济安全和全球经济稳定增长，从而增强学生的民族自信心和自豪感。历史教师在讲述中国近代史这一部分时，除了要揭露列强侵华给中华民族带来的灾难外，应主要展示中华民族战胜外来侵略者的英勇精神、不断进行道路探索的不屈不挠精神、在艰难的近代化进程中仍然以开放的胸怀学习世界先进文明成果，从而培养学生的爱国主义热情和家国情怀。历史教师在授课时，要充分将本地的历史课程资源融入教学当中，通过生动形象的讲述感染学生，使学生的安全知识和爱国热情在潜移默化中得到提升，既培养了学生的学科核心素养，又能提高其思想道德素质，使其成为全面发展的新时代中学生。

第三，与民族高等院校专家合作开展边疆安全教育的科学研究。加强边疆民族地区教师的科研水平和理论素养是促进边疆安全教育进校园的首要前提。仅举广西民族大学与崇左市广西民师院附中的合作为例，广西民族大学是一所集"民族性、区域性和国际性"为一体的综合性大学，同时又兼具"师范性"，在广西地区很有影响力。该校教师在历史学、民族学以及教育教学方面的研究成果丰硕。广西民师院附中积极与广西民族大学的教师进行边疆民族地区安全教育的科学研究，双方已经合作的课题有《广西边境地区中学历史课程渗透民族团结的教育研究》《高中乡土历史校本课程开发研究——以广西民族师范学院附属中学为例》《壮傣文化跨国传播研究——以广西西南部壮傣族群与东南亚傣族文化传播为例》等。这些研究项目均立足于边疆民族地区的实际，试图探索民族团结教育进课堂的路径、增强民族团结的意识，认清广西壮傣族群与东南亚傣族文化的关系，丰富边疆民族地区的理论成果，提高广西民师院附中教师的科研能力。

第四，多途径开展大历史学科的国家安全教育。比如，布置研究性课题，让学生利用课后、假期开展调查研究，感受历史的厚重和智慧，真正通过实践体验历代政权是如何维护国家安全的。在崇左市，这类课题很多，比如对考察中越边境某一处或者几处的边关地形、战略地位、物产民俗和历史沿革、对外交通史等；做关于友谊关的历史和现实的调查，探究清末抗法名将、广西提督兼对汛督办苏元春为抵御法国军队入侵所建的大小连城的历史，等等。再比如，利用文博资源进校园增强学生文化安全意识。博物馆是一个城市乃至国家的文化符号、承载了的文化内涵，[1] 有效利用博物馆的资源优势服务中学校园的文化建设可以弘扬民族地区的传统文化，增强学生的文化自觉和文化自信力，进而起到维护边疆民族地区文化安全的重要作用。广西民师院附中先后与崇左市壮族博物馆和广西民族博物馆开展教育教学的合作研究，相继邀请广西多个博物馆有关专家在学校开展知识讲座和边疆民族地区文化遗产展以及文化体验活动，给学生带来文化大餐，增强学生对于本民族本地区历史文化的认同感和自信心，培养家国情怀，进而增强国家认同感。

第五，与以上各条相配合，发挥地方政府、学校、家庭和社会等多方面的作用，共同促进中学生的国家安全教育的实施效果。国家对于边疆安全教育的推广，基层社区、学校要大力宣传，可以悬挂宣传标语、举办文化教育演出、开展全民安全教育讲座等；中学生也可以在家庭、学校、社会上积极宣传，推进全民安全教育普及化。政府应该保护好历史遗迹遗存、鼓励市民及学生多参

---

[1] 中国博物馆协会城市博物馆专业委员会，上海市历史博物馆. 致力于可持续发展社会的城市博物馆：中国博物馆协会城市博物馆专业委员会论文集：2015—2016［M］. 上海：上海交通大学出版社，2016.

观博物馆、纪念园等，多创建一些爱国主义教育基地，还可以用英雄人物的名字来命名街道、公园等，加深全民对英雄人物的纪念和敬仰之情，营造全社会讲爱国情操、维护国家安全、自觉一代代传承的良好风气。所有这些活动，都可以积极发动中小学生参与，以人民群众喜闻乐见的方式开展，以期收到最大的教育效果。

参考文献

［1］宋承国. 寓国家安全教育于历史教学的思考［J］. 上海教育科研，2006（9）.

［2］夏海燕. 中学生国家安全教育的问题与对策研究［D］. 苏州：苏州大学. 2010.

［3］张飞. 历史教育中国家安全意识培养的认识与实践［J］. 课程教育研究，2013（22）.

［4］马振清，修丽. 中小学国家安全意识教育的问题与对策［J］. 中国德育，2015（4）.

［5］宋月红. 论"国家历史安全"与当代中国史的研究编纂［J］. 历史教学问题，2016（5）.

［6］饶隐譞. 国家文化安全理念在历史教学中的渗透［J］. 环球市场信息导报，2017（18）.

［7］李妍：初探爱国主义教育资源在高中历史校本课程开发中的运用［J］. 黑河教育，2018（7）.

［8］杨亚丽. 初中历史教学中的国家安全教育研究［D］. 重庆：西南大学，2019.

［9］徐江. 思想品德课中国家安全教育研究［D］. 南京：南京师范大学，2017.